W0173740

Franz Wegener · Dirk Adamaszek

RECHTSGRUNDLAGEN FÜR KREATIVE

1. Auflage · 2013

Ergänzungen und Updates zu diesem Buch:
www.wa-recht.de/dawanda-rechtshandbuch

VORWORT

Sie haben Ihren eigenen DaWanda-Shop – aber wissen nicht genau, worauf Sie rechtlich achten müssen? Dann finden Sie hier den richtigen Einstieg. Ob Umsatzsteuer, Impressum oder Urheberrecht: Wir führen Sie durch den Paragrafendschungel!

Unsere Darstellung der Themen bezieht sich auf gewerblich betriebene Shops. Für „Privatverkäufer" gelten in vielen Fällen abweichende Regelungen, die wir hier aber außen vor lassen müssen. Worin der Unterschied zwischen „privaten" und „gewerblichen" Verkäufern besteht, lesen Sie gleich im ersten Kapitel.

Soweit nicht anders erwähnt, gehen wir in unseren Erläuterungen von Verkäufen innerhalb Deutschlands aus. Da aber auch der internationale Handel immer wichtiger wird, finden Sie dazu einen eigenen Abschnitt „Besonderheiten beim Verkauf ins Ausland".

Auch wenn die rechtlichen Inhalte dieses Buches zur Drucklegung aktuell recherchiert wurden, sollten Sie daran denken, dass sich die Rechtslage schnell verändern kann. Gerade das Urheberrecht ist in der letzten Zeit in den Fokus der politischen Diskussion gerückt. Zugleich sorgt die Europäische Union für eine stetige Weiterentwicklung des Versandhandelsrechts.

Teigausstecher „Daumen hoch"
Hersteller: ausgestochen-gut

Gern halten wir Sie auf dem Laufenden und stellen dafür Ergänzungen und Änderungen zu diesem Buch online zur Verfügung. Schauen Sie doch mal vorbei:

www.wa-recht.de/dawanda-rechtshandbuch

Um Ihnen den Überblick über die Materie zu erleichtern, haben wir uns auf die wesentlichen Grundlagen beschränkt und bewusst nicht jeden denkbaren Einzelfall berücksichtigt. Das Handbuch kann daher keine individuelle Rechtsberatung ersetzen. Holen Sie im Zweifel immer aktuellen und professionellen Rechtsrat ein.

Das Buch wird illustriert durch Produkte verschiedener DaWanda-Verkäufer. Wenn Sie das eine oder andere Produkt interessiert, erhalten Sie nähere Informationen durch Eingabe des angegebenen Herstellernamens auf der DaWanda-Webseite.

Wir wünschen Ihnen viel Erfolg mit Ihren einzigartigen Produkten – und wenn Sie Anregungen, Lob oder Kritik haben, freuen wir uns über Ihre Nachricht!

Franz Wegener und Dirk Adamaszek

ÜBER DIE AUTOREN

Franz Wegener und Dirk Adamaszek sind Rechtsanwälte in Berlin. In ihrer Kanzlei betreuen sie eine Vielzahl von Online-Händlern und Kreativen unter anderem in Fragen des Internetrechts, des Urheberrechts, des Marken- und des Designrechts. Der Start in die Selbständigkeit mit einem Onlineshop und der Aufbau eigener Produktlinien und Marken sind häufige Anliegen, in denen die Autoren beratend tätig werden. Aus den in der Praxis regelmäßig wiederkehrenden Fragestellungen entstand dieser Leitfaden.

Rechtsanwalt
Dirk Adamaszek

Rechtsanwalt
Franz Wegener

INHALT

Business-Tussi

Zeichnung „Business-Tussi", **Hersteller: ChiccaRia**

GUT VORBEREITET STARTEN

Privat oder gewerblich verkaufen

Gewerbeanmeldung · Finanzamt

Industrie- und Handelskammer

Handwerkskammer

Besonderheiten für Künstler

Berufsgenossenschaft

Privat oder gewerblich?

Wenn Sie sich bei DaWanda anmelden, müssen Sie zunächst die Frage klären, ob Sie mit Ihrem DaWanda-Shop als „Privatverkäufer" oder „gewerblich" auftreten.

Wo liegen die Unterschiede? Entscheidend ist, ob Sie nach dem Bürgerlichen Gesetzbuch (BGB) als „Verbraucher" (§ 13 BGB) oder als „Unternehmer" (§ 14 BGB) anzusehen sind. Den im Alltag oft verwendeten Begriff des „Privatverkaufs" kennt das Gesetz hingegen nicht.

Sie sind **Unternehmer,** wenn Sie Ihre Waren – so die Rechtsprechung – „planmäßig gegen Geld anbieten". Das ist zum Beispiel der Fall, wenn Sie etwas verkaufen, das Sie zuvor gezielt zum Zweck des Verkaufs hergestellt oder gekauft haben. Es entscheidet also der Zweck, zu dem Sie den Verkaufsgegenstand oder seine Bestandteile erworben, hergestellt oder bearbeitet haben. Das gilt auch dann, wenn Sie nur geringe Mengen verkaufen oder einen geringen Umsatz machen. Für die Einstufung als unternehmerische Tätigkeit gibt es keine gesetzliche „Bagatellgrenze". Es spielt auch keine Rolle, ob Sie mit dem Verkauf einen Gewinn erzielen, lediglich Ihre Anschaffungskosten wieder hereinholen oder sogar Verlust machen. Der Begriff des Unternehmers umfasst alle Gewerbetreibenden und Freiberufler, darunter auch die Künstler.

Sie gelten dagegen als **Verbraucher,** wenn Sie einzelne, gebrauchte Gegenstände aus Ihrem Privathaushalt verkaufen – zumindest, wenn es sich dabei um „haushaltsübliche" Mengen handelt. Bei großen Stückzahlen, oder wenn es sich überwiegend um Neuware handelt, kann es die Rechtsprechung teilweise anders sehen.

Die Unterscheidung zwischen Unternehmer und Verbraucher ist wichtig, denn als Unternehmer unterliegen Sie in der Regel der Umsatz-, Gewerbe- und Einkommensteuer und ggf. weiterer Steuern. Daneben müssen Sie u.a. diverse Regelungen des Verbraucherschutzes beachten (z.B. bestimmte Informationspflichen, AGB, Widerrufsrecht, Mängelgewährleistung).

Allerdings gibt es im Gesetz und in der Rechtsprechung auch keine ganz scharfe Abgrenzung, sondern es kommt auf die Gesamtumstände des Einzelfalles an. In Zweifelsfällen tendiert die Rechtsprechung aber zur Einordnung als unternehmerisches Handeln. Die Einordnung als Unternehmer dürfte auf die meisten DaWanda-Verkäufer zutreffen.

Die rechtlichen Erläuterungen und Beispiele in diesem Buch gehen davon aus, dass Sie als Unternehmer handeln und überwiegend an Verbraucher als Käufer liefern. Dies ist der häufigste Fall.

Beispiel

Sie finden im Keller Ihr altes Kinderspielzeug, das Sie gern verkaufen würden. Oder Sie beschließen, die sechs selbst hergestellten Motivsocken, die Sie eigentlich Ihrem Enkel schenken wollten, doch lieber bei DaWanda anzubieten. In diesen Fällen handeln Sie als Verbraucher („privater Verkäufer").

Sie kaufen im Handel Einzelteile, um daraus ein DaWanda-taugliches Designerstück zu zaubern. Oder Sie nähen Ihre Tischdecke zu vier praktischen Handtaschen um, um damit eine neue Produktlinie in Ihrem DaWanda-Shop zu starten. Dann handeln Sie unternehmerisch („gewerblicher Verkäufer").

	Verbraucher (§ 13 BGB) „Privatverkäufer"	Unternehmer (§ 14 BGB) „gewerblicher Verkäufer"
Gewerbeanmeldung oder steuerliche Anmeldung nötig?	nein	ja
Besteht Umsatzsteuerpflicht?	nein	ja, aber Befreiung für Kleinunternehmer möglich
Ist der Verkaufsgewinn steuerpflichtig?	nein	ja
Wird Gewerbesteuer erhoben?	nein	ja (Ausnahmen möglich)
Besteht ein Widerrufsrecht beim Verkauf an Verbraucher?	nein	ja (Ausnahmen möglich)
Mängelgewährleistung ausschließbar?	ja	nein
Wer trägt das Risiko eines Sendungsverlustes?	Käufer (Ausnahmen möglich)	Verkäufer (Ausnahmen möglich)
Pflicht zur Teilnahme an einem Verpackungsentsorgungssystem?	nein	ja
Anbieterkennzeichnung (= Impressum) erforderlich?	nein, aber empfohlen	ja

Anmeldung beim Gewerbeamt

Wenn Sie bei DaWanda gewerblich Waren zum Kauf anbieten, müssen Sie dies dem zuständigen Gewerbeamt mitteilen. Diese Pflicht besteht mit Beginn der gewerblichen Tätigkeit. Als Beginn eines Gewerbes werden von den Gewerbeämtern solche Handlungen angesehen, die bereits eine Außenwirkung haben (z.B. Abschluss eines Mietvertrags für Geschäftsräume, Anschaffung von Geräten oder Materialien). Reine Vorbereitungshandlungen (z.B. Besprechung mit einem Steuerberater, bloße Besichtigung von Mieträumen) begründen noch kein Gewerbe.

Die Gewerbeanmeldung kann persönlich oder schriftlich erfolgen. Bei juristischen Personen (z.B. GmbH, KG, AG) ist der Geschäftsführer für die Anmeldung zuständig, bei einer Gesellschaft bürgerlichen Rechts (GbR) muss jeder der Gesellschafter eine Anmeldung vornehmen. Bei einer persönlichen Gewerbeanmeldung ist ein Ausweis mitzubringen, bei juristischen Personen zusätzlich ein Handelsregisterauszug und die Geschäftsführervollmacht.

Von der Gewerbeanmeldung sind einige wenige Berufe befreit, z.B. die freien Künstler. Ob Sie unter eine solche Ausnahme fallen, sollten Sie im Zweifel beim Gewerbeamt erfragen.

Das Unterlassen einer Gewerbeanzeige ist eine Ordnungswidrigkeit, die mit einem Bußgeld geahndet werden kann.

Die angemeldete Tätigkeit

Der Gegenstand der Tätigkeit ist bei der Anmeldung so genau wie möglich zu bezeichnen. So wäre die Angabe „Handel mit Waren aller Art" nicht genau genug, „Herstellung und Verkauf von Taschen aus gebrauchten LKW-Planen" aber ausreichend.

Beachten Sie, dass von der Beschreibung Ihrer Tätigkeit abhängt, ob Sie als Freiberufler, Künstler, Gewerbetreibender oder Handwerker eingestuft werden. Davon wiederum hängt ab, welche weiteren Stellen informiert werden, wo Sie ggf. Pflichtmitglied werden, ob Sie Gewerbesteuer zahlen oder Anspruch auf Leistungen der Künstlersozialkasse haben. Die Beschreibung Ihrer Tätigkeit will also gut überlegt sein.

Kosten der Anmeldung

Die Gewerbeämter erheben für die Gewerbeanmeldung eine Bearbeitungsgebühr, die – je nach Region und Art der Anmeldung – zwischen 15 und 60 Euro liegt. So kostet die Gewerbeanmeldung in Berlin für eine natürliche Person 26 Euro, bei einer Gesellschaft bürgerlichen Rechts 26 Euro für jeden Gesellschafter. Für GmbHs, oHGs, KGs und andere juristische Personen beträgt die Gebühr 31 Euro für den ersten Vertreter zzgl. 13 Euro für jeden weiteren Vertreter. Bitte beachten Sie, dass sich die Gebühren jederzeit ändern können.

Weiterleitung der Gewerbeanmeldung an andere Stellen

Die Gewerbeanmeldung wird vom Gewerbeamt automatisch an verschiedene Institutionen weitergegeben, z. B. an das Finanzamt, die Industrie- und Handelskammer, ggf. an die Handwerkskammer, sowie an die zuständige Berufsgenossenschaft. Diese Stellen werden sich anschließend bei Ihnen per Post melden. Trotzdem empfehlen wir Ihnen, mit diesen Institutionen vorab selbst Kontakt aufzunehmen, damit alle Formalitäten so schnell wie möglich erledigt sind und Sie eventuelle Mitglieds- und Beitragsfragen frühzeitig klären können. Insbesondere bei der Berufsgenossenschaft müssen Sie sich innerhalb einer Woche ab Aufnahme Ihrer Tätigkeit angemeldet haben.

Anmeldung beim Finanzamt

Bevor Sie Rechnungen an Ihre Käufer schreiben können, brauchen Sie eine Steuernummer, denn diese müssen Sie – als unternehmerischer Verkäufer – auf Ihren Rechnungen angeben. Wenn Sie noch keine Steuernummer haben, warten Sie also nicht, bis das Gewerbeamt Ihre Anmeldung an das Finanzamt weitergeleitet hat. Denn schneller geht es, wenn Sie sich selbst anmelden. Das passende Formular haben die meisten Finanzämter auf ihrer jeweiligen Webseite. Die Anmeldung beim Finanzamt ist gebührenfrei.

Beispiel

Maxie Mustermann kommt im Januar auf die Idee, Taschen aus alten LKW-Planen herzustellen, um sie online zu verkaufen. Sie nimmt im Februar Kontakt zu Händlern auf, die solche Planen verkaufen, und spricht mit Freunden über ihren Plan. Außerdem hat sie erste Ideen, welchen Namen ihre Taschen tragen könnten. Am 15. März kauft Maxie die ersten Planen und fängt an, die Taschen zu nähen. Am 1. April bietet sie die erste Kollektion in ihrem DaWanda-Shop an.

Maxie Mustermann beginnt ihr Gewerbe am 15. März, denn an diesem Tag tritt sie zum ersten Mal gewerblich nach außen auf, indem sie Material einkauft. Spätestens an diesem Tag sollte sie sich beim Gewerbeamt melden. Das Finanzamt wird durch die Gewerbeanmeldung zwar ebenfalls von Maxies Tätigkeit informiert. Es ist Maxie aber zu raten, sich selbst um eine Anmeldung beim Finanzamt zu kümmern. Denn wenn sie bereits ab dem 1. April ihre Taschen verschicken und dafür Rechnungen schreiben will, braucht Maxi bis dahin ihre Steuernummer. Außerdem muss Maxie bis spätestens 22. März (eine Woche nach Beginn des Gewerbes) die Berufsgenossenschaft informiert haben.

Die Industrie- und Handelskammer

Die Industrie- und Handelskammer (IHK) ist ein gesetzlich vorgesehener Verband für Unternehmen, die zum Bezirk der jeweiligen Kammer gehören. Für jeden Gewerbetreibenden besteht eine IHK-Pflichtmitgliedschaft. Wenn Sie Ihre Gewerbeanmeldung beim zuständigen Gewerbeamt eingereicht haben, übermittelt das Gewerbeamt die relevanten Daten an die IHK. Sie müssen sich daher nicht selbst bei der IHK anmelden.

Verwechseln Sie die IHK nicht mit dem Handelsregister! Das Handelsregister ist eine Einrichtung des örtlich zuständigen Amtsgerichts. Dort werden vor allem GmbHs, Kommandit- und Aktiengesellschaften geführt, nicht aber die gewöhnlichen Einzelgewerbetreibenden.

Die Industrie- und Handelskammer ist die Interessenvertretung der Gewerbetreibenden und hält vielfältige Angebote für die Beratung und Unterstützung der Mitgliedsunternehmen bereit. Für diese Arbeit erhebt die IHK Mitgliedsbeiträge. Die gute Nachricht für Gründer zuerst: Das Geschäftsjahr, in dem Sie sich selbstständig machen, und das darauf folgende Jahr sind für Existenzgründer, die nicht im Handelsregister eingetragen sind, beitragsfrei. Für das dritte und vierte Jahr gibt es unter bestimmten Bedingungen Beitragsermäßigungen. Beitragsfrei ist auch jedes Jahr, in dem Ihr Gewinn 5.200 Euro im Jahr nicht übersteigt. Alle übrigen Regelungen zur Beitragshöhe trifft die jeweils für Ihren Ort zuständige IHK eigenständig. Dabei besteht der Beitrag aus einem Grundbetrag und einer Umlage. Beide Bestandteile hängen von dem Unternehmensgewinn ab.

Den Beitrag erhebt die IHK jährlich durch einen Beitragsbescheid. Zur Berechnung erhält die IHK automatisch die Steuerdaten vom Finanzamt. Liegt noch kein aktueller Steuerbescheid vor, kann die IHK einen vorläufigen Beitragsbescheid auf der Grundlage des letzten bekannten Gewinns oder aufgrund einer Schätzung erlassen. Relevant können so auch die bei der Steueranmeldung gemachten Gewinnerwartungen sein. Mitgliedsbeiträge sind öffentliche Abgaben und können als Betriebsausgaben steuerlich geltend gemacht werden.

Beispiel

Maxie Mustermann macht sich im März 2013 mit dem Verkauf von Fahrradtaschen aus alten LKW-Planen selbstständig. Die Taschen produziert sie in Berlin-Mitte. Für ihr erstes Geschäftsjahr schätzt sie ihren Gewinn auf 10.000 €. Im zweiten Geschäftsjahr will sie 18.000 € erreichen und im dritten Geschäftsjahr 30.000 €.

Maxie Mustermann wird im März 2013 automatisch Mitglied der IHK Berlin. Die Unternehmensdaten erhält die IHK Berlin vom Bezirksamt Berlin-Mitte. Im Sommer 2013 erhält Maxie Mustermann Post von der IHK Berlin, die sie als neues Mitglied begrüßt. In den Jahren 2013 und 2014 erhält sie keine Gebührenbescheide, da sie als Existenzgründerin keine Beiträge bezahlen muss. Wenn Maxies Pläne aufgehen und sie im dritten Jahr 30.000 Euro Gewinn erreicht, muss sie für 2015 einen IHK-Jahresbeitrag von rund 135 Euro einplanen.

Die Handwerkskammer

Die Handwerkskammern sind die vom Gesetz vorgesehenen Verbände für Handwerker in einer bestimmten Region. Sie sind die Interessenvertretung der Handwerke und halten vielfältige Angebote für die Beratung und Unterstützung der Mitgliedsunternehmen bereit. Die Handwerkskammer ist von der Innung zu unterscheiden. Letztere ist der freiwillige Zusammenschluss von selbstständigen Handwerkern des gleichen Handwerks. Beachten Sie auch den Unterschied zur Handelskammer und zum Handelsregister (siehe vorige Seite).

Schlüsselanhänger "Handwerk"
Hersteller: beiJule

Eine gewerbliche Tätigkeit wird dann als Handwerk angesehen, wenn das Gewerbe in einer der Anlagen zur Handwerksordnung als zulassungspflichtiges Handwerk, zulassungsfreies Handwerk oder handwerksähnliches Gewerbe aufgeführt ist (siehe tabellarische Aufstellung am Ende dieses Abschnittes) und das Gewerbe handwerksmäßig bzw. handwerksähnlich betrieben wird, also ein Produkt individuell und unmittelbar für den Kunden hergestellt wird.

Wenn Sie nach diesen Voraussetzungen ein Handwerk ausüben, besteht für Sie eine gesetzliche Pflichtmitgliedschaft in der Handwerkskammer (§ 90 Handwerksordnung). Ihre Tätigkeit müssen Sie dann bei der Handwerkskammer anmelden. Das Gewerbeamt fordert bei handwerklichen Gewerben automatisch eine Bestätigung der Kammer an, dass Sie dort registriert sind.

Die Handwerkskammer kann von ihren Mitgliedern Beiträge erheben. Wenn Sie Existenzgründer sind und keine im Handelsregister eingetragene Firma haben, ist das erste Geschäftsjahr beitragsfrei. Für das zweite bis vierte Jahr gibt es unter bestimmten Bedingungen Beitragsermäßigungen. Eine generelle Beitragsbefreiung für Unternehmen, die nur geringe Umsätze haben, gibt es bei der Handwerkskammer (anders als bei der IHK) nicht. Details der Beitragshöhe trifft die örtlich zuständige Handwerkskammer eigenständig. Dabei besteht der Beitrag aus einem Grundbetrag und einem Zusatzbeitrag. Beide Bestandteile hängen vom Unternehmensgewinn ab.

Zur Berechnung des Mitgliedsbeitrags erhält die Handwerkskammer automatisch die Steuerdaten vom Finanzamt. Liegt noch kein aktueller Steuerbescheid vor, kann die Handwerkskammer einen vorläufigen Beitragsbescheid auf Basis des letzten bekannten Gewinns oder aufgrund einer Schätzung erlassen.

Relevant können so auch die bei der Steueranmeldung gemachten Gewinnerwartungen sein. Die Mitgliedsbeiträge sind öffentliche Abgaben und können als Betriebsausgaben steuerlich geltend gemacht werden. Sie sehen: Zwischen den Beiträgen der IHK und der Handwerkskammer bestehen einige Parallelen, wobei Sie im Regelfall nur bei *einer* dieser Kammern Pflichtmitglied werden.

Unter bestimmten Umständen werden Sie mit Ihrem Gewerbe aber sowohl Mitglied der Handwerkskammer als auch der Industrie- und Handelskammer. Das kann vor allem dann passieren, wenn Ihr Gewerbe auch einen großen nichthandwerklichen Tätigkeitsanteil aufweist. Sie werden aber vom IHK-Beitrag freigestellt, wenn Ihr jährlicher Umsatz des nichthandwerklichen Betriebsteils 130.000 Euro nicht übersteigt. Ist der Umsatz höher, wird der Beitrag zwischen Handwerkskammer und IHK geteilt.

Beispiel

Maxie Mustermann macht sich nach erfolgreicher Buchbinderlehre und Meisterprüfung im Sommer 2012 mit der Herstellung von individuellen Taschenkalendern mit Ledereinband selbstständig. Die Kalender stellt sie in Ihrer Werkstatt in Berlin-Kreuzberg her. Für ihr erstes Geschäftsjahr schätzt sie ihren Gewinn auf 10.000 €. Im zweiten Jahr will sie 18.000 € erreichen und im dritten Geschäftsjahr 30.000 €.

Als Buchbinderin wird Maxie automatisch Mitglied der Berliner Handwerkskammer. Die Unternehmensdaten erhält die Handwerkskammer von der zuständigen Gewerbeaufsicht (hier: vom Berliner Bezirksamt Kreuzberg/Friedrichshain). Für 2012 erhebt die Handwerkskammer keinen Beitrag, da es sich um Maxies Gründungsjahr handelt. Wenn Maxies Pläne aufgehen und sie im zweiten und dritten Jahr Gewinn erwirtschaftet, muss sie für 2013 und 2014 einen Jahresbeitrag von rund 125 Euro (halber Grundbeitrag) einplanen.

Weiterführende Informationen

Die zuständige IHK finden: www.dihk.de/ihk-finder

Die zuständige Handwerkskammer finden: www.zdh.de

Liste der Handwerksberufe

Handwerksordnung – Anlage A:
Verzeichnis der Gewerbe, die als zulassungspflichtige Handwerke betrieben werden können
(§ 1 Abs. 2 Handwerksordnung)

1 Maurer und Betonbauer
2 Ofen- und Luftheizungsbauer
3 Zimmerer · 4 Dachdecker
5 Straßenbauer
6 Wärme-, Kälte-, Schallschutzisolierer
7 Brunnenbauer
8 Steinmetzen und Steinbildhauer
9 Stukkateure
10 Maler und Lackierer
11 Gerüstbauer
12 Schornsteinfeger
13 Metallbauer
14 Chirurgiemechaniker

15 Karosserie- und Fahrzeugbauer
16 Feinwerkmechaniker
17 Zweiradmechaniker
18 Kälteanlagenbauer
19 Informationstechniker
20 Kraftfahrzeugtechniker
21 Landmaschinenmechaniker
22 Büchsenmacher
23 Klempner
24 Installateur und Heizungsbauer
25 Elektrotechniker
26 Elektromaschinenbauer
27 Tischler

28 Boots- und Schiffbauer
29 Seiler
30 Bäcker · 31 Konditoren
32 Fleischer
33 Augenoptiker
34 Hörgeräteakustiker
35 Orthopädietechniker
36 Orthopädieschuhmacher
37 Zahntechniker
38 Friseure
39 Glaser
40 Glasbläser und Glasapparatebauer
41 Reifen- und Vulkanisationstechnik

Handwerksordnung – Anlage B:
Gewerbe, die als zulassungsfreie Handwerke oder handwerksähnliche Gewerbe betrieben werden können
(§ 18 Abs. 2 Handwerksordnung)

Abschnitt 1
Zulassungsfreie Handwerke

1 Fliesen-, Platten- und Mosaikleger
2 Betonstein- und Terrazzohersteller
3 Estrichleger
4 Behälter- und Apparatebauer
5 Uhrmacher
6 Graveure
7 Metallbildner · 8 Galvaniseure
9 Metall- und Glockengießer
10 Schneidwerkzeugmechaniker
11 Gold- und Silberschmiede
12 Parkettleger
13 Rollladen-/Sonnenschutztechniker
14 Modellbauer
15 Drechsler, Holzspielzeugmacher
16 Holzbildhauer
17 Böttcher
18 Korb- und Flechtwerkgestalter
19 Maßschneider
20 Textilgestalter (Sticker, Weber, Posamentierer, Klöppler, Stricker)
21 Modisten · 23 Segelmacher
24 Kürschner
25 Schuhmacher
26 Sattler und Feintäschner
27 Raumausstatter
28 Müller · 29 Brauer und Mälzer
30 Weinküfer
31 Textilreiniger
32 Wachszieher
33 Gebäudereiniger
34 Glasveredler · 35 Feinoptiker
36 Glas- und Porzellanmaler
37 Edelsteinschleifer und -graveure
38 Fotografen · 39 Buchbinder

40 Drucker · 41 Siebdrucker
42 Flexografen
43 Keramiker
44 Orgel- und Harmoniumbauer
45 Klavier- und Cembalobauer
46 Handzuginstrumentenmacher
47 Geigenbauer · 48 Bogenmacher
49 Metallblasinstrumentenmacher
50 Holzblasinstrumentenmacher
51 Zupfinstrumentenmacher
52 Vergolder
53 Schilder-/Lichtreklamehersteller

Abschnitt 2:
Handwerksähnliche Gewerbe

1 Eisenflechter
2 Bautentrocknungsgewerbe
3 Bodenleger
4 Asphaltierer (ohne Straßenbau)
5 Fuger (im Hochbau)
6 Holz- und Bautenschutzgewerbe
7 Einrammen von Pfählen im Wasserbau
8 Betonbohrer und -schneider
9 Theater- und Ausstattungsmaler
10 Herstellung von Drahtgestellen für Dekorationszwecke (Sonderanfert.)
11 Metallschleifer und Metallpolierer
12 Metallsägen-Schärfer
13 Tankschutz (Korrosionsschutz)
14 Fahrzeugverwerter
15 Rohr- und Kanalreiniger
16 Kabelverleger im Hochbau
17 Holzschuhmacher
18 Holzblockmacher
19 Daubenhauer
20 Holz-Leitermacher (Sonderanfert.)

21 Muldenhauer
22 Holzreifenmacher
23 Holzschindelmacher
24 Einbau von genormten Baufertigteilen (z. B. Fenster, Türen, Zargen, Regale)
25 Bürsten- und Pinselmacher
26 Bügeln (Herren-Oberbekleidung)
27 Dekorationsnäher (ohne Schaufensterdekoration)
28 Fleckteppichhersteller
30 Theaterkostümnäher
31 Plisseebrenner
33 Stoffmaler
35 Textil-Handdrucker
36 Kunststopfer
37 Änderungsschneider
38 Handschuhmacher
39 Ausführung einf. Schuhreparaturen
40 Gerber
41 Innerei-Fleischer (Kuttler)
42 Speiseeishersteller
43 Fleischzerleger, Ausbeiner
44 Appreteure, Dekateure
45 Schnellreiniger
46 Teppichreiniger
47 Getränkeleitungsreiniger
48 Kosmetiker
49 Maskenbildner
50 Bestattungsgewerbe
51 Lampenschirmherst. (Sonderanfert.)
52 Klavierstimmer
53 Theaterplastiker
54 Requisiteure
55 Schirmmacher
56 Steindrucker
57 Schlagzeugmacher

Besonderheiten für Künstler

Wer Künstler ist, betreibt im rechtlichen Sinne kein Gewerbe, sondern ist Freiberufler. Ein Freiberufler muss kein Gewerbe anmelden, muss keine Gewerbesteuer zahlen und wird auch nicht IHK-Mitglied. Ein Künstler kann außerdem die Vorteile der Künstlersozialkasse in Anspruch nehmen. Die Frage ist nur: Wer gilt als Künstler? Insbesondere bei Grafik-, Mode-, Schmuck-, Textil- oder Fotodesignern ist die Abgrenzung zum Gewerbe nicht immer eindeutig.

Die Einordnung kann – je nach Sicht der verschiedenen beteiligten Institutionen – unterschiedlich ausfallen. So können Sie bei der Künstlersozialkasse als Künstler gelten, während Sie vom Finanzamt als Gewerbetreibender geführt werden. Rechtlich gesehen ist das kein Widerspruch, denn jede Institution kann die Voraussetzungen und Rechtsfolgen für ihren Bereich selbstständig regeln.

Unter den Künstlerbegriff der Künstlersozialkasse gehört zunächst die „klassische" freie Kunst der Bildhauer, Maler, Komponisten usw. Aber auch die meisten freiberuflichen Designer (z.B. Grafik-, Mode-, Schmuck-, Textil- und Fotodesigner) können von der Künstlersozialkasse als Künstler eingestuft werden. Die Einstufung erfolgt anhand eines Fragebogens der Künstlersozialkasse. Für die Einstufung, die Aufnahme und die Leistungen der Künstlersozialkasse gelten das Künstlersozialversicherungsgesetz (KSVG).

Auch wenn man Mitglied der Künstlersozialkasse ist, führt das Finanzamt eine eigenständige Prüfung und Einordnung durch. Das Finanzamt hinterfragt nämlich, ob tatsächlich Kunstwerke geschaffen werden, deren gestalterisches Niveau über einen reinen Gebrauchswert hinausgeht. Das Produkt muss also Ausdruck eigener Kreativität und individueller Anschauungsweisen sein und damit mehr als nur das Ergebnis handwerklicher Fähigkeiten. Bei in Serie produzierten Werken wird vom Finanzamt angenommen, dass es hier gerade an der Individualität fehlt. Das Ergebnis eines Kunsthandwerkes wird nur dann als Kunst angesehen, wenn es über die üblichen handwerklichen Techniken hinaus eine außergewöhnliche gestalterische Leistung enthält und von anderen Personen als Kunst wahrgenommen wird. Ist durch den Zweck und den Gebrauch des Produkts eine Gestaltung vorgegeben („form follows function") und somit wenig Raum für eine abstrakte gestalterische Aussage des „Künstlers", wird das Finanzamt eher von einem Gewerbe ausgehen. Dies gilt in der Regel bei der Herstellung von Gebrauchsgegenständen. Auch wer sich bei der Produktgestaltung lediglich nach der neuesten Mode richtet, ist nach Auffassung der Finanzämter nicht künstlerisch tätig. Dasselbe gilt für denjenigen, der bei der Produktgestaltung auf bekannte Vorbilder zurückgreift (Nachahmung).

Um ein Finanzamt zur Einordnung als Künstler zu bewegen, kann der Nachweis einer künstlerischen Ausbildung angebracht sein. Ebenso können Berichte in der Tagespresse, Kritiken in Kunstzeitschriften, Beteiligungen an Ausstellungen und die Mitgliedschaft in bestimmten Berufsverbänden für die Feststellung der Künstlereigenschaft von Bedeutung sein. In Zweifels- oder sogar Streitfällen gibt es die Möglichkeit, durch Sachverständige die Künstlereigenschaft feststellen zu lassen.

Die Künstlersozialkasse

Über die Künstlersozialkasse (KSK) können sich Künstler und Publizisten kostengünstig in den gesetzlichen Kranken-, Pflege- und Rentenkassen versichern lassen. Mitglieder der KSK zahlen ihre Versicherungsbeiträge direkt an die KSK, wobei deren Beiträge deutlich unter den regulären Tarifen liegen, die man ohne KSK-Mitgliedschaft in der gesetzlichen Versicherung zu zahlen hätte. Die KSK stockt die gezahlten Beiträge um einen mit dem Arbeitgeberbeitrag vergleichbaren Teil auf und leitet die Summe an die zuständigen Versicherungsträger weiter. Auf diese Weise können sich auch Künstler mit geringem Einkommen kostengünstig versichern, ohne Abstriche bei den Versicherungsleistungen zu erleiden.

Schlüsselanhänger "Künstler"
Hersteller: Maultaeschle

Versicherungspflicht in der KSK besteht für alle selbstständigen Künstler, die sich auf Dauer zu Erwerbszwecken künstlerisch betätigen. Mindestens 3.900 Euro im Jahr muss das Einkommen betragen, damit die KSK den Versicherungsschutz ermöglicht. In den ersten drei Jahren nach erstmaliger Aufnahme der künstlerischen Tätigkeit gibt es den Versicherungsschutz auch bei geringerem Einkommen aus der künstlerischen Tätigkeit.

Die KSK ist selbst keine Krankenkasse oder Krankenversicherung, auch keine Rentenversicherung oder Pflegeversicherung, sie verwaltet lediglich die eingehenden Beiträge der Versicherten und führt diese – wie ein Arbeitgeber – an die zuständigen Versicherungsträger ab. Den Beitragsbescheid erhält man von der KSK. Mitglieder der KSK sind in der Wahl der Krankenversicherung frei. Die Befreiung von der gesetzlichen Krankenversicherungspflicht ist in gleicher Weise wie bei Arbeitnehmern möglich. Zur Aufnahme in die KSK lassen Sie sich von Ihrer bestehenden oder zukünftigen Krankenkasse eine Mitgliedsbescheinigung ausstellen und legen Sie diese der KSK vor.

Die zu entrichtenden Beiträge hängen wie bei Arbeitnehmern von verschiedenen Faktoren ab, unter anderem vom (voraussichtlichen) Jahreseinkommen. Dieses wird jährlich von dem Versicherten im Voraus geschätzt. Dabei kommt es auf den aus der selbstständigen künstlerischen Tätigkeit voraussichtlich erzielten Gewinn an.

Wird die künstlerische Tätigkeit neben einer hauptberuflichen Beschäftigung ausgeübt, so gilt, dass in der Kranken- und Pflegeversicherung keine Versicherungspflicht über die KSK besteht, wenn aufgrund der Hauptbeschäftigung schon Versicherungspflicht besteht. In der Rentenversicherung besteht in der Regel Versicherungspflicht, solange das Einkommen aus der Hauptbeschäftigung unter 50% der Beitragsbemessungsgrenze der gesetzlichen Rentenversicherung liegt. Beamte und andere von der Versicherungspflicht befreite Personen werden prinzipiell nicht über die KSK versichert, auch wenn sie künstlerisch tätig sind.

Beispiel

Maxie Mustermann stellt Ringe aus Holz und Metall her. Jeder Ring ist dabei wegen der unterschiedlichen Maserung der verwendeten Hölzer ein Unikat. Auch die Metallringe fallen von Mal zu Mal unterschiedlich aus.

Maxie Mustermann mag sich selbst als Künstlerin begreifen. Möglicherweise hat auch die Künstlersozialkasse sie bereits als Künstlerin eingestuft, so dass sie von den Vorteilen der Künstlersozialversicherung profitiert. Das Finanzamt wird sie wahrscheinlich aber als Gewerbetreibende einstufen und ggf. Gewerbesteuer erheben. Denn auch wenn jeder Ring an sich Ergebnis eines gestalterischen Prozesses und einzigartig ist, läßt ein Ring – als verbreiteter Gebrauchsgegenstand, dessen Form und Größe weitgehend vom Zweck bestimmt wird – nicht ausreichend Gestaltungsspielraum für die Annahme einer freien künstlerischen Betätigung, wie das Finanzamt sie versteht. Zudem dürfte die Produktion einer größeren Anzahl von Ringen die Grenze zur „Serienproduktion" im Sinne des Steuerrechts überschreiten. Das Finanzamt dürfte hier also von einem Gewerbe ausgehen.

Wenn Maxie großen Erfolg hat und hohe Stückzahlen herstellt, so dass die Individualität der Ringe verblasst, könnte auch die Künstlersozialversicherung ihren Status als Künstlerin in Frage stellen.

Versicherung in der Berufsgenossenschaft

Die Berufsgenossenschaften sind die Träger der gesetzlichen Unfallversicherung. Die gesetzliche Unfallversicherung übernimmt die Kosten von Arbeitsunfällen, Wegeunfällen (Unfälle auf dem Weg zwischen Wohnung und Arbeitsplatz) und Berufskrankheiten. Für Unternehmer besteht eine gesetzliche Pflichtmitgliedschaft in der für die jeweilige Branche zuständigen Berufsgenossenschaft.

Wichtig: Innerhalb einer Woche ab Aufnahme Ihrer unternehmerischen Tätigkeit müssen Sie sich bei Ihrer Berufsgenossenschaft anmelden!

Wenn Sie eine Gewerbeanmeldung bei Ihrem Gewerbeamt eingereicht haben, informiert die Verwaltung zwar automatisch auch die Berufsgenossenschaft. Meistens werden Ihre Daten aber nicht innerhalb der Wochenfrist an die Berufsgenossenschaft weitergeleitet. Da Sie aber die Einhaltung der Frist selbst sicherstellen müssen, raten wir Ihnen, sich selbst bei der Berufsgenossenschaft anzumelden. Die meisten Berufsgenossenschaften halten Anmeldeformulare im Internet bereit.

Von der Anmeldepflicht zu unterscheiden ist die Frage der Beitragspflicht: In der Regel besteht der Versicherungsschutz nur für Beschäftigte des Unternehmers, nicht aber für den Unternehmer selbst.

Wenn Sie also Ihr eigener Chef sind und (noch) keine Angestellten beschäftigen, sind Sie bei den meisten Berufsgenossenschaften zwar Mitglied, können aber auf Ihren Antrag hin unversichert und beitragsfrei bleiben.

Wenn Ihr Unternehmen Angestellte beschäftigt, variiert die Beitragshöhe nach Branche, Art der Tätigkeit, Arbeitsort und Einkommen des Versicherten. Sie liegt in den meisten Fällen zwischen 80 Euro und 500 Euro pro Jahr und Versichertem.

Welche Berufsgenossenschaft für Sie zuständig ist, hängt von den Produkten ab, die Sie herstellen. Die Zuordnung ist manchmal nicht ganz einfach. Das gilt insbesondere dann, wenn Sie verschiedene Materialien verarbeiten (z.B. Leder und Kunststoff), die in die Zuständigkeit unterschiedlicher Berufsgenossenschaften fallen. Wir empfehlen Ihnen daher, sich zunächst telefonisch bei derjenigen Berufsgenossenschaft zu erkundigen, in deren Bereich das Material fällt, das Sie mengenmäßig am meisten verarbeiten.

Hier finden Sie eine Auswahl derjenigen Berufsgenossenschaften, die für DaWanda-Verkäufer am ehesten in Frage kommen:

Grafikdesign, Fotografie, Papierverarbeitung, Druck, Buchbinderei:
Berufsgenossenschaft Energie Textil Elektro Medienerzeugnisse – www.bgetem.de

Lederverarbeitung, Papier- und Pappeherstellung:
Berufsgenossenschaft Rohstoffe und chemische Industrie – www.bgrci.de

Holz, Kork, Pflanzenfasern, Möbel, Holzspielzeug, Bilder- und Spiegelrahmen, Lacke und Farben, Verarbeitung von Metallen, Halbedelsteinen, Kunststoffen:
Berufsgenossenschaft Holz und Metall – www.bghm.de

Herstellung und Verarbeitung von Keramik, Porzellan oder Glas:
Verwaltungs-Berufsgenossenschaft – www.vbg.de

Nahrungsmittel, Süßwaren, Teigwaren, Obst, Gemüse, Getreide, Gewürze:
Berufsgenossenschaft Nahrungsmittel und Gastgewerbe – www.bgn.de

Die obige Liste ist nicht vollständig. Im Einzelfall kann auch eine hier nicht aufgeführte Berufsgenossenschaft zuständig sein. Einen vollständigen Überblick gibt Ihnen der Spitzenverband der Berufsgenossenschaften, die Deutsche Gesetzliche Unfallversicherung (DGUV).

Weiterführende Informationen

Dachverband der Berufsgenossenschaften:
www.dguv.de

Kostenfreie Telefonauskunft zur Wahl der richtigen Berufsgenossenschaft:
0800 - 60 50 404

Ordnerhülle mit Tragegriff, **Hersteller: Alpenfilz**

STEUERLICHES UND RECHNUNGEN

Umsatzsteuer · Gewerbesteuer · Steuernummern

Kleinunternehmerregel · Rechnungen stellen

Die Umsatzsteuer

Die Umsatzsteuer wird oft auch als „Mehrwertsteuer" bezeichnet. Dieser Begriff meint zwar dieselbe Steuer, ist allerdings veraltet und sollte nicht mehr verwendet werden.

Ob Sie sich mit der Umsatzsteuer auseinandersetzen müssen, hängt vor allem davon ab, wie hoch der Umsatz aus Ihrer unternehmerischen Tätigkeit ist. Umsatz meint die Zahlungen, die Sie von Ihren Käufern insgesamt erhalten, in der Regel also die Summe der Kaufpreise (einschließlich der von den Käufern gezahlten Versandkosten). Dagegen ist der Gewinn der Betrag, der nach Abzug Ihrer Kosten vom Umsatz übrigbleibt. Für die Frage der Umsatzsteuer kommt es – wie der Name schon sagt – nur auf den Umsatz an, nicht auf den Gewinn. Bei einem Umsatz bis einschließlich 17.500 € sind Sie als Kleinunternehmer von der Erhebung der Umsatzsteuer befreit, bei einem höheren Umsatz sind Sie umsatzsteuerpflichtig.

Der gesetzliche Normalfall sieht vor, dass der Verkäufer auf den Warenpreis die Umsatzsteuer aufschlägt und dem Käufer berechnet. Der reguläre Steuersatz beträgt zur Zeit 19%. Bei bestimmten Produkten gilt ein ermäßigter Steuersatz von 7%, wie z.B. für Bücher, manche Lebensmittel und bestimmte Kunstgegenstände. Ein Steuerberater kann Ihnen genau sagen, welcher Steuersatz auf Ihre Artikel zutrifft. Im Zweifel sollten Sie 19% wählen, um auf der sicheren Seite zu sein: Das Finanzamt wird Ihnen zu hohe Steuern – die Sie ja an das Finanzamt abzuführen haben – nicht verübeln, im Gegensatz zu einem zu geringen Steuersatz, der zu Nachzahlungspflichten führen kann.

Die Umsatzsteuer wird durch Sie als Verkäufer erhoben, d.h. Sie müssen diese Ihren Käufern zusätzlich zum Nettoverkaufspreis in Rechnung stellen. Bitte beachten Sie, dass Sie beim Einstellen eines Produktes im DaWanda-Shop immer den Bruttopreis eingeben müssen, also den Endpreis inklusive der Umsatzsteuer. Daher erscheint im DaWanda-Shop neben dem Preis pro Artikel auch immer der Zusatz „inkl. USt. (sofern erhoben), zzgl. Versandkosten". Kalkulieren Sie also erst, was Sie als Nettopreis erhalten möchten, schlagen Sie dann 19% bzw. 7% auf, und tragen Sie den Bruttobetrag als Artikelpreis ein.

Bitte achten Sie darauf, die Umsatzsteuer auf alle Ihre Leistungen zu berechnen – also auch auf Versandkosten, Aufschläge für Geschenkverpackungen oder andere Extras!

Die eingenommene Umsatzsteuer müssen Sie dem Finanzamt mitteilen. Dies geschieht im Rahmen Ihrer (jährlichen) Umsatzsteuererklärung und Ihrer (monatlichen oder quartalsweisen) Umsatzsteuervoranmeldungen.

In der Umsatzsteuererklärung und den -voranmeldungen geben Sie auch diejenigen Umsatzsteuerbeträge an, die Sie selbst an andere Unternehmen bezahlt haben, z.B. für Materialeinkäufe. Diese von Ihnen bezahlte Umsatzsteuer wird verrechnet mit den an Sie gezahlten Umsatzsteuerbeträgen aus Ihren Verkäufen. Haben Sie mehr eingenommen als bezahlt, müssen Sie die Differenz an das Finanzamt leisten, andernfalls erhalten Sie selbst eine Zahlung vom Finanzamt.

Als Existenzgründer sind Sie im Jahr der Gründung zur monatlichen Umsatzsteuervoranmeldung und entsprechenden Zahlung an das Finanzamt verpflichtet. Anschließend können quartalsweise Voranmeldungen vereinbart werden.

Die Umsatzsteuererklärung und die -voranmeldungen übermitteln Sie über das Internet an das Finanzamt. Dafür stellen die Finanzämter das Internetportal www.elster.de zur Verfügung. Eine Online-Umsatzsteuererklärung dauert nur wenige Minuten – haben Sie also keine Scheu davor.

Vereinfachungen für Kleinunternehmer

Unter bestimmten Bedingungen sind Sie von der Erhebung der Umsatzsteuer befreit. Diese Befreiung besteht gemäß § 19 Absatz 1 Umsatzsteuergesetz (UStG) dann, wenn Ihr Umsatz (einschließlich etwaig enthaltener Umsatzsteuer, falls Sie diese bereits erhoben haben) im vorangegangenen Kalenderjahr nicht mehr als 17.500 € betrug (z.B. weil Sie im vorangegangenen Jahr noch gar nicht tätig waren) und im laufenden Kalenderjahr voraussichtlich nicht mehr als 50.000 € betragen wird (das obliegt Ihrer gewissenhaften Eigeneinschätzung).

Wenn diese beiden Voraussetzungen auf Sie zutreffen, gelten Sie umsatzsteuerrechtlich als „Kleinunternehmer". Das bedeutet, dass Sie auf Ihre Verkaufspreise keine Umsatzsteuer aufschlagen, in Rechnungen ausweisen und somit auch nicht an das Finanzamt abführen müssen. Wenn Sie Rechnungen schreiben, sollten Sie dem Rechnungstext den Hinweis „Umsatzsteuer wird gemäß § 19 Abs. 1 UStG nicht erhoben" hinzufügen.

Die Kleinunternehmerregelung macht Ihnen die Buchhaltung also etwas einfacher. Außerdem können Sie Ihre Produkte billiger anbieten, denn der Käufer muss nicht 19% oder 7% zusätzlich zahlen. Somit kann die Kleinunternehmerregelung zu höheren Verkaufszahlen führen.

Allerdings bekommen Sie die Umsatzsteuer, die Sie an andere Unternehmen gezahlt haben (z.B. für Materialeinkauf), als Kleinunternehmer auch nicht vom Finanzamt erstattet. Sie können an andere bezahlte Umsatzsteuer aber als normale Betriebsausgabe geltend machen. Wenn Sie bei Ihrer Geschäftsgründung viele Anschaffungen machen müssen, könnte es sich lohnen, auf die Kleinunternehmerregelung zu verzichten. Dies sollten Sie im Einzelfall mit Ihrem Steuerberater entscheiden.

Sobald Sie mit Ihrem Umsatz die Grenze von 17.500 € einmal überschritten haben, müssen Sie im Folgejahr auf alle Ihre Nettoverkaufspreise die Umsatzsteuer aufschlagen, in den Rechnungen ausweisen und an das Finanzamt abführen.

Wenn Sie bereits für das erste Geschäftsjahr einen Umsatz von mehr als 50.000 € absehen können, dann sollten Sie von Anfang an Umsatzsteuer erheben, ausweisen und abführen.

Auch wenn Sie vom Umsatz her Kleinunternehmer sind, können Sie – wenn Sie möchten – auf die Befreiung von der Umsatzsteuerpflicht verzichten (§ 19 Absatz 2 UStG), also auch als Kleinunternehmer reguläre Rechnungen mit Umsatzsteuer stellen. Dies kann z.B. dann sinnvoll sein, wenn Sie in Ihrer Außendarstellung – also aus Image-Gründen – nicht als „Kleinunternehmer" auftreten wollen. Außerdem müssen Sie dann auch nicht mehr darauf achten, ob Sie die Umsatzgrenzen von 17.500 € bzw. 50.000 € bereits überschritten haben oder überschreiten werden. Für den Verzicht auf die Kleinunternehmerregelung wenden Sie sich an Ihr Finanzamt.

Einkommensteuerpflicht auch für Kleinunternehmer

Ob Sie Kleinunternehmer sind oder nicht: Sie bleiben natürlich in jedem Falle einkommensteuerpflichtig! Bei der 17.500-Euro-Grenze handelt es sich keinesfalls um einen Steuerfreibetrag oder ähnliches. Auch als Kleinunternehmer müssen Sie ganz regulär alle Gewinne aus Ihrer Tätigkeit versteuern.

Auf Ihre Einkommensteuer – also Ihre persönliche Steuerbelastung – hat eingenommene Umsatzsteuer keine Auswirkungen. Denn bei der Umsatzsteuer handelt es sich lediglich um einen „durchlaufenden Posten": Das, was Sie an Umsatzsteuer von Ihren Käufern einnehmen, müssen Sie an das Finanzamt in derselben Höhe auch wieder abführen. Ihr Gewinn ändert sich unter dem Strich also nicht.

Wenn Sie am Anfang Ihres DaWanda-Shops stehen und noch nicht lange selbstständig tätig sind, wird Ihnen das Thema Steuern wahrscheinlich nicht ganz leicht fallen. Wir raten Ihnen daher, sich bei Fragen zusätzlich an einen Steuerberater, Anwalt oder direkt an das zuständige Finanzamt zu wenden.

Beispiel

Maxie Mustermann verkauft über ihren DaWanda-Shop Handtaschen. Maxie will pro Tasche jeweils 100 € einnehmen. Zur Herstellung kauft Maxi Material für 47,60 € ein. Im Materialpreis sind 19% Umsatzsteuer (7,60 €) enthalten, die der Materialhändler auf seinen Nettopreis erhebt.

Ist Maxie umsatzsteuerpflichtig, muss sie auf den Preis 19% (19,- €) aufschlagen und die Taschen zum Endpreis von 119,- € anbieten (Beispiel 1). Wenn Maxie dagegen Kleinunternehmerin ist, kommt keine Umsatzsteuer hinzu und der Endpreis bleibt bei 100 € (Beispiel 2).

Auf der Ausgabenseite erhält Maxie als „normale" Unternehmerin vom Finanzamt die Umsatzsteuer erstattet, die der Preis des eingekauften Materials enthält. Wenn Maxie Kleinunternehmerin ist, bekommt sie dagegen keine Erstattung.

	Beispiel 1 Ein- und Verkauf mit Umsatzsteuer	Beispiel 2 Ein- und Verkauf als Kleinunternehmer
Umsatz im DaWanda-Shop (Einnahmen)		
Verkaufspreis der Tasche netto	100,00 €	100,00 €
Vom Verkäufer aufzuschlagende 19% USt.	19,00 €	*entfällt*
Endpreis brutto, den der Käufer zahlt	119,00 €	100,00 €
Kosten für den Materialeinkauf (Ausgaben)		
Materialpreis netto	-40,00 €	-40,00 €
Vom Materialhändler aufgeschlagene 19% USt.	-7,60 €	-7,60 €
Endpreis brutto, den Maxie für Material zahlt	-47,60 €	-47,60 €
Umsatzsteuererklärung		
Umsatzsteuer, die Maxie vereinnahmt hat und an das Finanzamt abführen muss	-19,00 €	*entfällt*
Umsatzsteuer, die Maxie verauslagt hat und vom Finanzamt zurückbekommt	7,60 €	*entfällt*
Ergebnis		
Betriebsgewinn pro Tasche	60,00 €	52,40 €

An dem Beispiel sieht man: Wenn Maxie Kleinunternehmerin ist, ist ihr Gewinn pro Tasche etwas geringer, denn bei den Ausgaben erhält sie die Umsatzsteuer vom Finanzamt nicht erstattet. Allerdings hat Maxi als Kleinunternehmerin den Vorteil, dass sie ihre Taschen im DaWanda-Shop zu einem günstigeren Endpreis anbieten kann. Durch den Preisvorteil verkauft sie möglicherweise mehr, als wenn sie die Umsatzsteuer aufschlagen würde.

Andererseits könnte Maxie als Kleinunternehmerin auch 119,00 Euro als Verkaufspreis verlangen. Dies ergäbe einen Gewinn von 71,40 Euro pro Tasche – und damit deutlich mehr, als wenn sie beim gleichen Endverkaufspreis der Umsatzsteuer unterliegen würde.

Es lässt sich also nicht pauschal sagen, ob es besser ist, den Status als Kleinunternehmer zu nutzen oder regulärer Unternehmer mit Umsatzsteuerpflicht zu sein.

Unabhängig von ihrem Umsatzsteuer-Status muss Maxie ihren Gewinn dem Finanzamt mitteilen, das auf dieser Basis die Einkommensteuer berechnet. Die umsatzsteuerrechtliche Grenze von 17.500 Euro stellt keinen Freibetrag für die Einkommensteuer dar.

Umsatzsteuer-Identifikationsnummer

Die Umsatzsteuer Identifikationsnummer (abgekürzt USt.-Idnr.) ist eine EU-weit vereinheitlichte Kennzeichnung von umsatzsteuerpflichtigen Personen und Gesellschaften. Sie dient einerseits den Finanzämtern bei der Abrechnung der Umsatzsteuer. Andererseits können Geschäftspartner mit dieser Nummer untereinander ihre Unternehmereigenschaft nachweisen.

Im Gegensatz zur persönlichen Steuernummer im Format „12/345/67890" ist die USt.-Idnr. ein 11-stelliger Code, bestehend aus zwei Buchstaben als Länderkennzeichen und neun anschließenden Ziffern – in Deutschland z.B. „DE123456789".

Die USt.-Idnr. ist eine freiwillige Nummer und wird nur auf Antrag erteilt. Kleinunternehmer, die von der Umsatzsteuerpflicht befreit sind, erhalten keine Nummer. Als DaWanda-Verkäufer sind Sie also nicht verpflichtet, eine USt-Idnr. zu führen, aber die Nummer bringt Ihnen einige Vorteile:

Wenn Sie Waren im EU-Ausland einkaufen, zum Beispiel Stoffe oder andere Materialien, die Sie weiterverarbeiten wollen, können Sie die ausländische Umsatzsteuer sparen. Denn wenn Sie bei Ihrem Wareneinkauf Ihre USt.-Idnr. nennen, kann der ausländische Verkäufer auf die Erhebung der ausländischen Umsatzsteuer verzichten. Wenn Sie keine USt.-Idnr. haben, muss der Verkäufer die ausländische Umsatzsteuer aufschlagen (meist zwischen 15% und 25%), die Ihnen das deutsche Finanzamt nicht erstattet. Auch wenn Sie selbst an Unternehmenskunden im EU-Ausland etwas verkaufen wollen, sind Sie mit einer USt.-Idnr. im Vorteil: Denn diesen Käufern können Sie Ihre Ware ohne deutsche Umsatzsteuer anbieten. Dadurch können Sie einen Wettbewerbsvorteil gegenüber anderen Anbietern haben.

Sie können die Umsatzsteueridentifikationsnummer beim Bundeszentralamt für Steuern direkt online beantragen (www.bzst.de). Innerhalb rund einer Woche wird Ihnen die Nummer per Post mitgeteilt. Sobald Sie eine USt.-Idnr. haben, müssen Sie diese im Impressum Ihres DaWanda-Shops angeben. Die Nummer gehört dort zu den Pflichtangaben.

Wenn Sie später eine Rechnung an ein Unternehmen im EU-Ausland unter Verzicht auf die Umsatzsteuer stellen wollen, lassen Sie sich zuvor dessen USt.-Idnr. geben und überprüfen Sie diese online beim Bundeszentralamt für Steuern unter *evatr.bff-online.de*. Damit gehen Sie sicher, dass Sie es mit einem steuerlich ordnungsgemäß angemeldeten Geschäftspartner zu tun haben.

Rechtsnormen

§§ 1, 2, 14, 18, 19 Umsatzsteuergesetz

Weiterführende Informationen

Umsatzsteuer online erledigen: www.elster.de

Informationen zur Umsatzsteuer-Idnr.: www.bzst.de

Ist- und Sollbesteuerung

Wenn Sie umsatzsteuerpflichtiger Unternehmer sind und nicht von der Kleinunternehmer-Regelung Gebrauch machen, müssen Sie die Umsatzsteuer, die Sie Ihren Käufern berechnen, beim Finanzamt anmelden („Umsatzsteuer-Voranmeldung"), sobald Sie Ihrem Käufer die Rechnung gestellt haben. Der Umsatzsteuerbetrag ist dann im Regelfall zu Beginn des Folgemonats an das Finanzamt abzuführen (§ 16 Absatz 1 UStG: Besteuerung nach vereinbarten Entgelten).

Die Umsatzsteuer müssen Sie auch dann anmelden und abführen, wenn der Käufer Ihre Rechnung noch gar nicht bezahlt hat. Das kann dazu führen, dass Sie dem Finanzamt Geld überweisen müssen, das Sie selbst noch nicht erhalten haben. Dies hat seinen Grund im Prinzip der „Soll-Besteuerung": Sie müssen Steuern zahlen auf einen Betrag, der vom Käufer gezahlt werden „soll", aber eventuell noch nicht „ist".

Anders verhält es sich bei der „Ist-Besteuerung" (§ 20 UStG: Besteuerung nach vereinnahmten Entgelten). Hier muss nur derjenige Umsatzsteuerbetrag angemeldet und abgeführt werden, der bei Ihnen als Verkäufer tatsächlich eingegangen ist. Wenn eine Rechnung also erst spät oder sogar überhaupt nicht bezahlt wird, müssen Sie den enthaltenen Umsatzsteueranteil entsprechend später bzw. gar nicht abführen.

Das Modell der Ist-Besteuerung dürfte für die meisten DaWanda-Händler das zweckmäßigere sein. Damit Sie von dieser Regelung profitieren können, müssen Sie bei Ihrem Finanzamt beantragen, dass Ihnen gestattet wird, die Umsatzsteuer nach den vereinnahmten Entgelten (§ 20 UStG) zu berechnen.

Beispiel

Maxie stellt den Käufern ihrer Taschen Anfang August insgesamt 1.000 Euro zzgl. 190 Euro Umsatzsteuer (19 %) in Rechnung. Es stellt sich heraus, dass die Käufer eine schlechte Zahlungsmoral haben: Auf Maxies Konto gehen bis Ende August nur 714 Euro ein (600 Euro netto zzgl. 114 Euro USt.).

Ergebnis bei Soll-Besteuerung (§ 16 UStG – „vereinbarte Entgelte"):

Maxie muss im September den Umsatzsteuerbetrag an das Finanzamt abführen, den sie in Ihren August-Rechnungen aufgeführt hat, also 190 Euro.

Ergebnis bei Ist-Besteuerung (§ 20 UStG – „vereinnahmte Entgelte"):

Wenn Maxie einen Antrag auf Ist-Besteuerung gestellt hat und dieser bewilligt wurde, braucht sie im September nur denjenigen Steuerbetrag abzuführen, den sie im August selbst bezahlt bekommen hat, also 114 Euro. Das ist für Maxie natürlich besser.

Die Gewerbesteuer

Als Gewerbetreibender werden Sie zur Gewerbesteuer veranlagt. Die Gewerbesteuer wird von der Gemeinde erhoben, in der Ihr Unternehmen seinen Sitz hat. Die Höhe der Gewerbesteuer hängt vom Gewerbeertrag Ihres Unternehmens ab, vereinfacht gesagt: vom erzielten Gewinn. Wenn Sie Einzelunternehmer sind oder Ihr Gewerbe als Personengesellschaft (z.B. GbR, oHG) betreiben, haben Sie einen Freibetrag von 24.500 Euro. Das bedeutet, dass Sie keine Gewerbesteuer zahlen, solange Ihr Unternehmen diesen Betrag nicht überschreitet.

Die Berechnung der Steuer erfolgt in mehreren Schritten: Der nach Abzug des Freibetrages verbleibende Gewerbeertrag ergibt durch Multiplikation mit der Steuermesszahl den Steuermessbetrag. Bei gleichem Unternehmensgewinn kann die Gewerbesteuer also je nach Ort unterschiedlich hoch ausfallen.

Die Gewerbesteuer wird – wie die meisten anderen Steuerarten auch – jährlich aufgrund der Steuererklärung festgesetzt. Üblicherweise müssen vierteljährliche Vorauszahlungen geleistet werden, über die am Ende des Steuerjahres abgerechnet wird. Bei Einzelunternehmern und Gesellschaftern einer Personengesellschaft kann die gezahlte Gewerbesteuer auf die Einkommensteuer angerechnet werden.

Für die Einzelheiten sollten Sie sich an einen Steuerberater oder an das Finanzamt wenden.

Beispiel

Maxie Mustermann ist Einzelunternehmerin in Berlin. Das vergangene Geschäftsjahr brachte 22.000 Euro Gewinn ein. Für das laufende Jahr erwartet sie 37.000 Euro Gewinn.

Situation im vergangenen Geschäftsjahr:

Gewerbeertrag:	22.000 Euro
Freibetrag:	24.500 Euro

Für das vergangene Jahr muss Maxie keine Gewerbesteuer zahlen, da ihr Gewerbeertrag den Freibetrag nicht überschreitet.

Situation im laufenden Jahr:

Gewerbeertrag:	37.000 Euro
Freibetrag:	24.500 Euro
Übersteigender Betrag:	12.500 Euro
x Steuermesszahl (3,5%)	= 437,50 Euro (Steuermessbetrag)
x Hebesatz (hier 410%)	= 1.793,75 Euro (Gewerbesteuerzahllast)

Für das laufende Jahr muss Maxie mit einer Gewerbesteuer von 1.793,75 Euro rechnen.

Rechnungen stellen

Eine Pflicht zur Ausstellung einer Rechnung besteht im Versandhandel nur bei Leistungen, die Unternehmer untereinander erbringen (§ 14 Abs. 2 Nr. 2 Umsatzsteuergesetz – UStG). Verkäufer, die selbst Unternehmer sind, müssen eine Rechnung also nur schreiben, wenn der Besteller ebenfalls Unternehmer ist. Einem Kunden, der Verbraucher ist, müssen Sie also theoretisch keine Rechnung ausstellen. Allerdings können Sie im Onlinehandel meist nicht erkennen, ob Ihr Käufer den Einkauf für private Zwecke (also als Verbraucher) oder für berufliche Zwecke (also als Unternehmer) tätigt. Sicherheitshalber sollten Sie also immer eine Rechnung ausstellen, was im übrigen auch völlig üblich ist und ein professionelles Handeln zeigt.

Gesetzlicher Mindestinhalt einer Rechnung

Das Umsatzsteuergesetz regelt, welche Angaben eine Rechnung mindestens enthalten muss. Nach § 14 UStG sind das im Normalfall folgende:

- Name und Anschrift des Rechnungsstellers (dies sind Sie als Verkäufer)

- Name und Anschrift des Rechnungsempfängers (das ist Ihr Käufer)

- Ihre Steuernummer oder Ihre Umsatzsteuer-Identifikationsnummer (USt.-Idnr.)

- das Ausstellungsdatum, also der Tag, an dem Sie die Rechnung schreiben

- eine einmalig vergebene Rechnungsnummer (In der Wahl Ihres Nummernsystems sind Sie frei, aber es sollte logisch nachvollziehbar sein. Vergeben Sie z.B. für Ihre erste Rechnung im Jahr 2012 die Nr. 2012-1, für die zweite Rechnung Nr. 2012-2 usw.)

- Menge und Bezeichnung der gelieferten Produkte

- das Leistungsdatum (Dies ist das Datum, an dem Sie die Ware absenden. Wenn Sie die Rechnung am selben Tag schreiben, an dem Sie auch die Ware verschicken, genügt der Hinweis „Leistungsdatum entspricht dem Rechnungsdatum". Schreiben Sie die Rechnung an einem anderen Tag, müssen Sie als Leistungsdatum das Versanddatum angeben.)

- zu jedem gelieferten Produkt den Nettopreis (Preis ohne Umsatzsteuer) zusammen mit dem auf dieses Produkt anzuwendenden Umsatzsteuersatz (zur Zeit 19 % oder 7 %)

- die Summe der Nettobeträge je Steuersatz und der hierauf entfallende Steuerbetrag (also z.B. „10 Euro netto zzgl. 19 % USt. (USt.-Betrag: 1,90 Euro) und 5 Euro netto zzgl. 7 % USt. (USt.-Betrag: 0,35 Euro), zusammen 17,25 Euro brutto").

Wenn Sie als Kleinunternehmer keine Umsatzsteuer erheben, entfallen die Angaben zur Umsatzsteuer. Sie geben nur die Nettobeträge an und fügen der Rechnung einen entsprechenden Hinweis hinzu, z.B. „Diese Rechnung enthält gemäß § 19 UStG keine Umsatzsteuer."

Rechnungszusatz bei Vorkasse-Bestellungen

Wenn Sie die bestellte Ware erst verschicken, nachdem Sie vom Käufer bereits die Zahlung erhalten haben (Vorkasse-Bestellungen), müssen Sie in der Rechnung vermerken, an welchem Tag das Geld des Käufers bei Ihnen eingegangen ist (siehe Rechnungsmuster 1). Dies gilt unabhängig davon, ob der Käufer per Überweisung, PayPal oder auf sonstige Weise bezahlt.

Vereinfachung für Kleinbetragsrechnungen

Bei Rechnungen, in denen der Gesamtrechnungsbetrag (inkl. etwaiger Steuern und Versand) 150 Euro nicht übersteigt, sind Sie von einigen Pflichtangaben befreit: Name und Anschrift des Käufers, die Rechnungsnummer und der Vorkasse-Zusatz dürfen entfallen.

Wir raten allerdings dazu, bei der Rechnungsstellung stets die vollständigen Pflichtangaben zu berücksichtigen. Dann müssen Sie nicht mit verschiedenen Rechnungsmustern arbeiten und können bei größeren Rechnungsbeträgen nicht versehentlich Angaben auslassen. Sie werden außerdem sehen, dass die ordentliche Vergabe von fortlaufenden Rechnungsnummern auch eine Hilfe für die eigene Buchhaltung ist.

Rechnungen können auch per E-Mail und/oder Text-Dokument verschickt werden, wenn der Empfänger damit einverstanden ist. Für einen Käufer kann es wichtig sein, die Rechnung beim Finanzamt einzureichen, um den Rechnungsbetrag als Ausgabe steuerlich geltend zu machen. Da das Finanzamt Rechnungen in elektronischer Form (E-Mail, versandtes Text-Dokument) nicht in allen Fällen anerkennt und im Versandhandel die Ware sowieso im Paket kommt, raten wir dazu, eine vollständige Papier-Rechnung einfach der Ware beizulegen.

Aufbewahrungspflicht

Die steuerrechtlichen Vorschriften verpflichten Sie als Verkäufer, alle gestellten Rechnungen 10 Jahre lang aufzubewahren. Am besten legen Sie sich gleich zu Beginn einen Ordner an, in dem Sie Kopien aller versandten Rechnungen nach Datum oder Rechnungsnummer geordnet ablegen. Über diese Ordnung freut sich dann auch Ihr Steuerberater.

Das Finanzamt ist berechtigt, bei allen Unternehmern Betriebsprüfungen vorzunehmen. Im Rahmen einer solchen Prüfung werden unter anderem Ihre Kontoauszüge mit Ihren Eingangs- und Ausgangsrechnungen abgeglichen. Vor diesem Hintergrund sollten Sie alle Bankunterlagen und Rechnungen geordnet archivieren.

Außerdem empfiehlt es sich, gleich zu Beginn der Geschäftstätigkeit ein gesondertes Bankkonto einzurichten, das nur für die Einnahmen und Ausgaben der Verkaufstätigkeit genutzt wird. Das erleichtert Ihnen den Überblick.

Rechnungsmuster

„Maxies schmucke Stücke"
Inh.: Maxie Mustermann
Auguststr. 94, 10119 Berlin
Telefon: 030-1234567

USt.-Idnr.: DE 987654321

Frau
Melanie Meier
Oranienburger Str. 3
10117 Berlin

Berlin, 15. 3. 2013

Reguläre Rechnung
mit ausgewiesener
Umsatzsteuer

Rechnungsnr. 2013-084

Sehr geehrte Frau Meier,
vielen Dank für Ihre Bestellung! Ich berechne Ihnen folgende Positionen:

Gelieferte Artikel	Preis netto	19% USt.	Preis brutto
1 x Umhängetasche, feuerrot, Größe L	100,00 €	19,00 €	119,00 €
1 x Button rund, Motiv „Maulwurf"	5,00 €	0,95 €	5,95 €
Versandkosten	3,00 €	0,57 €	3,57 €
Rechnungssumme inkl. Versand	108,00 €	20,52 €	128,52 €

Das Rechnungsdatum entspricht dem Leistungsdatum.
Die Rechnungssumme haben Sie am 13. 3. 2013 per Überweisung bezahlt.

Mit freundlichen Grüßen
Maxie Mustermann

„Maxies schmucke Stücke"
Inh.: Maxie Mustermann
Auguststr. 94, 10119 Berlin
Telefon: 030-1234567

Steuernr.: 13/426/81473

Frau
Melanie Meier
Oranienburger Str. 3
10117 Berlin

Berlin, 15. 3. 2013

Rechnungsnr. 2013-084

Rechnungsbeispiel
für Verkäufer mit
Kleinunternehmerstatus

Sehr geehrte Frau Meier,
vielen Dank für Ihre Bestellung! Ich berechne Ihnen folgende Positionen:

Gelieferte Artikel	Preis
1 x Umhängetasche, feuerrot, Größe L	100,00 €
1 x Button rund, Motiv „Maulwurf"	5,00 €
Versandkosten	3,00 €
Rechnungssumme inkl. Versand	108,00 €

Umsatzsteuer wird nicht erhoben (§ 19 Abs. 1 UStG).
Das Rechnungsdatum entspricht dem Leistungsdatum.
Vielen Dank für Ihre PayPal-Zahlung über 108,00 € am 13. 3. 2013.

Mit freundlichen Grüßen
Maxie Mustermann

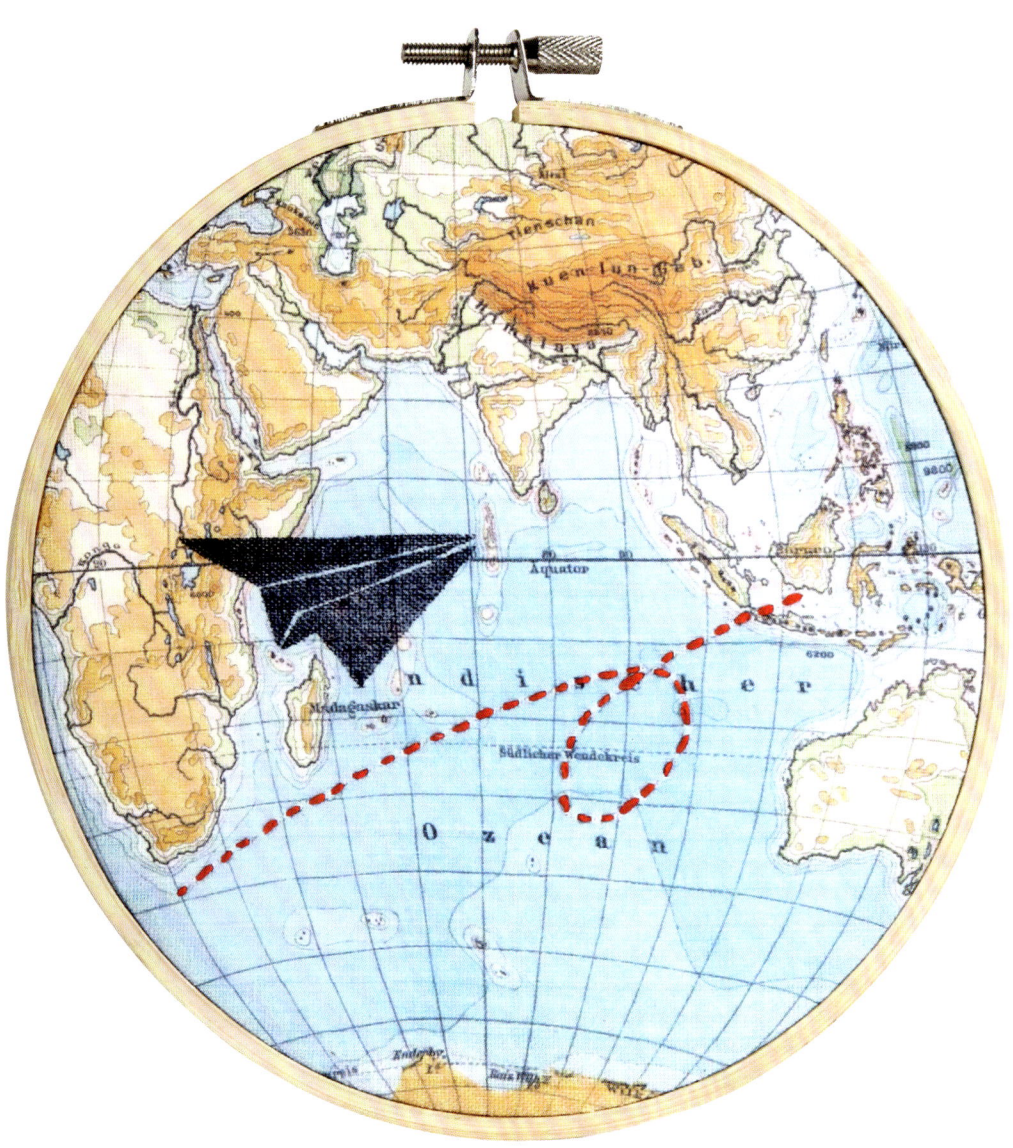

Stickrahmen mit Weltkarte, **Hersteller: renna-deluxe**

RECHTSGRUNDLAGEN DES ONLINEHANDELS

Artikelbeschreibungen · Preisangaben

Impressum · AGB · Widerrufsrecht

Versandkosten und Versandrisiko

Besonderheiten beim Verkauf ins Ausland

Anbieterkennzeichnung / Impressum

Jeder unternehmerische DaWanda-Shop muss ein ordnungsgemäßes Impressum haben. Das Impressum dient dazu, den Käufern mitzuteilen, wer der Anbieter der Shop-Artikel ist. Das Gesetz spricht daher von der „Anbieterkennzeichnung". Die Rechtsgrundlagen finden sich in § 5 Telemediengesetz (TMG) und Artikel 246 BGB-Einführungsgesetz (EGBGB). Denken Sie also gleich bei Einrichtung des Shops daran, Ihre Daten vollständig und richtig in das vorgesehene Textfeld einzutragen. Welche Daten erforderlich sind, hängt von der Rechtsform des Verkäufers ab.

Pflichtangaben für Einzelunternehmer

Die meisten DaWanda-Verkäufer sind Einzelunternehmer. Einzelunternehmer ist, wer in Person – also allein – Verkäufer ist und sich nicht ins Handelsregister (nicht verwechseln mit der Handelskammer!) hat eintragen lassen. Bei Einzelunternehmern gehören zu den Pflichtangaben:

* Vorname und Familienname (Abkürzungen der Namen sind nicht zulässig. Wenn Sie mehrere Vornamen haben, genügt die Angabe des Rufnamens)
* Straße und Hausnummer (Wenn Sie ein Postfach haben, dürfen Sie dieses zusätzlich angeben. Straße und Hausnummer dürfen Sie jedoch nicht weglassen.)
* Postleitzahl und Ort
* E-Mail-Adresse
* Telefonnummer; optional eine zusätzliche Faxnummer
* Umsatzsteuer-Identifikationsnummer (wenn vorhanden)

Pflichtangaben für juristische Personen

Handelt es sich beim Verkäufer um eine juristische Person (z.B. GmbH, Genossenschaft oder Verein), müssen folgende Angaben gemacht werden:

* Firma mit Rechtsformzusatz (GmbH, KG, oHG, e.G., e.V. etc.)
* Vor- und Familiennamen aller Vertretungsberechtigten
* Straße und Hausnummer (Wenn Sie ein Postfach haben, dürfen Sie dieses zusätzlich angeben. Straße und Hausnummer dürfen Sie aber nicht weglassen.)
* Postleitzahl und Ort
* E-Mail-Adresse
* Telefonnummer; optional eine zusätzliche Faxnummer
* Handelsregister, Partnerschaftsregister, Vereins- oder Genossenschaftsregister mit jeweiliger Registernummer (sofern in einem Register eingetragen)
* Umsatzsteuer-Identifikationsnummer (wenn vorhanden)

Preisangaben

Im Internet gilt wie im Ladengeschäft: Preisangaben müssen für den Kunden transparent und leicht verständlich sein. Anhand Ihrer Angaben muss Ihr Käufer in der Lage sein, schon vor dem Abschluss der Bestellung zu berechnen, was er für die ausgewählte Ware zahlen muss – einschließlich Versandkosten und Steuern.

Die rechtliche Grundlage dafür ist die Preisangabenverordnung. Deren Vorgaben wollen wir im Folgenden erläutern. Die erforderlichen Angaben zum Preis hängen davon ab, in welcher Form Sie Ihr Produkt verkaufen.

Endpreisangabe

beim Verkauf pro Stück – z.B. Handtaschen, T-Shirts

Im Normalfall ist der Endpreis des Produktes je Stück anzugeben. Das ist der Preis, der einschließlich der Umsatzsteuer und sonstiger Preisbestandteile vom Käufer für das Produkt zu zahlen ist. Der Endpreis ist also für den Käufer immer der produktbezogene Bruttopreis, d.h. er enthält bereits die Umsatzsteuer (sofern Sie Umsatzsteuer erheben).

Soweit im Endpreis Umsatzsteuer enthalten ist, muss der Verkäufer auf diesen Umstand hinweisen, z.B. mit dem Zusatz „inkl. Umsatzsteuer". Kommen noch Versandkosten hinzu, ist auch darauf hinzuweisen, z.B. mit dem Zusatz „zzgl. Versand". Beide Hinweise werden bei DaWanda automatisch angezeigt.

Für Dinge, die im allgemeinen paarweise verkauft werden (z.B. Schuhe, Strümpfe, Manschettenknöpfe, Handschuhe, Ohrringe), geben Sie bitte den Endpreis für ein Paar an. Wenn Sie Sets gleichartiger Dinge verkaufen, z.B. 5 Kunstpostkarten in einem Set, sollten Sie den Setpreis als Endpreis angeben, und dies auch in der Produktbeschreibung klarstellen (z.B. „Ein Set besteht aus 5 Postkarten. Der Artikelpreis ist der Endpreis für ein Set.")

Endpreis mit Grundpreisangabe

beim Verkauf in bestimmten abgepackten Mengen

Die Preisangabenverordnung regelt außerdem, wie die Preisangaben auszusehen haben für fertig verpackte Waren, die typischerweise in bestimmten Gewichten, Volumina, Längen oder Flächen verkauft werden (laut Gesetz „Fertigpackungen"). Dazu gehören zum Beispiel Konserven (450-Gramm-Marmeladenglas), Säfte (0,7-Liter-Flasche) oder auch bestimmte Haushaltswaren wie Paketklebeband (Rolle mit 10 m).

Bei solchen Waren ist zusätzlich zum Endpreis auch der Grundpreis anzugeben. Der Grundpreis ist der Preis der Ware für die zugrunde liegende, handelsübliche Einheit der Warenmenge. Wenn wir bei den obigen Beispielen bleiben, sind dies 1 kg (Marmelade), 1 l (Saft) oder 1 m

(Klebeband). Der Grundpreis muss – wie der Endpreis – alle Preisbestandteile einschließlich der Umsatzsteuer enthalten.

Beachten Sie, dass sich der Grundpreis auf den verbrauchbaren Inhalt der Ware (Nettogewicht) beziehen muss. Gewicht oder Volumen der Verpackung (Taragewicht) dürfen nicht mitgerechnet werden.

Die zulässigen Mengeneinheiten für den Grundpreis sind 1 kg, 1 l, 1 m, 1 m^2 und 1 m^3. Andere Einheiten sind nicht zulässig, abgesehen von den folgenden Ausnahmen: Bei fertig abgepackten Waren, deren Gewicht oder Volumen pro Stück 250 Gramm bzw. 250 Milliliter nicht übersteigen, darf als Mengeneinheit auch 100 Gramm bzw. 100 Milliliter gewählt werden.

Bei nach Gewicht oder Volumen angebotener loser Ware (z.B. Körner, Kerne, Salzkristalle), können Sie selbst wählen, ob Sie den Grundpreis für 1 Kilogramm oder 100 Gramm bzw. für 1 Liter oder 100 Mililiter angeben.

Grundpreisangabe

beim Verkauf in variablen Mengen nach Kundenwunsch – z.B. Stoffzuschnitt

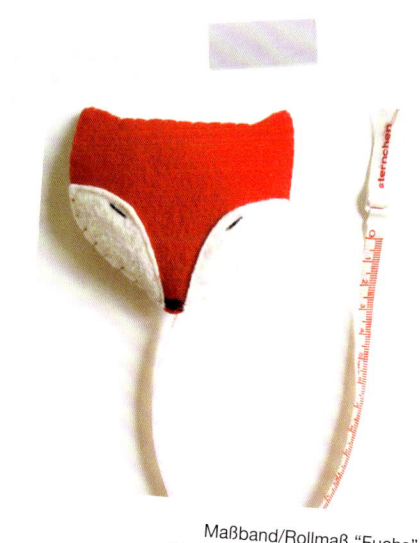

Maßband/Rollmaß "Fuchs"
Hersteller: sternchen-design

Wenn Sie ein Produkt verkaufen, dessen konkrete Menge Sie erst für den Kunden abmessen und bereitstellen, müssen Sie den Grundpreis angeben, also den Preis je Kilogramm, Liter, Meter, Quadratmeter oder Kubikmeter. Der Endpreis für den Käufer ergibt sich dann aus der Anzahl der bestellten Verkaufseinheiten auf Basis des Grundpreises.

Wenn Sie Stoffe von der Rolle verkaufen, kommen als Verkaufseinheit Meter oder Quadratmeter in Frage. Eine klare gesetzliche Aussage fehlt zwar, allerdings dürfte bei Stoffen der Grundpreis pro Meter Stofflänge am weitesten verbreitet sein („Meterware"). In jedem Fall müssen Sie in der Produktbeschreibung auch die Rollenbreite Ihrer Stoffbahn angeben. Wir empfehlen, den sich daraus ergebenden Preis je Quadratmeter zusätzlich anzugeben.

Versandkosten

Die Versandkosten sind nie Bestandteil des End- oder Grundpreises. Während sich End- und Grundpreis auf das jeweilige Produkt beziehen, fallen die Versandkosten in der Regel pro Sendung an. Die Versandkosten sind gemäß Preisangabenverordnung daher zusätzlich anzugeben und müssen alle Preisbestandteile der Versandleistung umfassen, also etwaige Verpackungskosten, Nachnahmegebühren, Expresszuschläge und die Umsatzsteuer, soweit Sie sie erheben.

Wenn die Versandkosten vom Gewicht der Ware abhängen sollen, müssen Sie im Shop zu allen Waren auch Gewichtsangaben angeben. Nur so ermöglichen Sie es dem Käufer – dem Gesetz entsprechend – vor der Bestellung zu berechnen, was der Kauf insgesamt kosten wird. Wenn Sie z.B. Stoffe nach laufendem Meter verkaufen, müssen Sie auch das Gewicht je Meter angeben, wenn vom Gesamtgewicht die Versandkosten abhängen sollen.

Beispiele

Beispiel für Verkauf pro Stück:

Handtasche mit Kuhmuster
Preis pro Artikel: 45.90 € inkl. USt., zzgl. Versandkosten

Beispiel für Verkauf pro Paar:

Ohrringe in Blütenform (ein Artikel entspricht einem Paar)
Preis pro Artikel: 18.00 € inkl. USt., zzgl. Versandkosten

Beispiele für Verkauf in bestimmten abgepackten Mengen:

Kirschkerne für Kirschkernkissen
Preis pro Artikel: 19.20 € inkl. USt., zzgl. Versandkosten
Verkaufseinheit: 6 kg
Grundpreis: 3.20 € pro kg

Knoblauch-Chili-Senf im Glas
Preis pro Artikel: 3.00 € inkl. USt., zzgl. Versandkosten
Verkaufseinheit: 120 g
Grundpreis: 2.50 € pro 100 g

Beispiel für Verkauf in losen Mengen / Meterware:

Blümchenstoff von der Rolle, Rollenbreite 1,40 m,
die Verkaufseinheit von 0,5 m („Preis pro Artikel") entspricht einer Fläche von 0,7 m².
Ein laufender Meter hat eine Fläche von 1,4 m². Grundpreis für 1 m²: 5,71 €.
Preis pro Artikel: 4,00 € inkl. USt., zzgl. Versandkosten
Grundpreis: 8,00 € pro Meter

Informationspflichten und AGB

Als Onlinehändler müssen Sie eine Reihe von Informationspflichten beachten. In verschiedenen Gesetzen ist geregelt, welche Angaben Sie für die Besucher Ihres Shops bereithalten müssen.

Insbesondere müssen Sie in Ihrem Shop angeben…

- die wesentlichen Merkmale Ihrer Ware oder Dienstleistung (in der Regel in der Artikelbeschreibung enthalten)

- den Gesamtpreis der Ware mit den über den Verkäufer abgeführten Steuern

- wenn kein genauer Preis angegeben werden kann, die Berechnungsgrundlage (z.B. Kilopreis bei loser Ware oder Meterpreis bei Stoffen von der Rolle)

- Liefer- und Versandkosten

- Hinweis auf mögliche weitere Steuern oder Kosten, die nicht über den Verkäufer abgeführt oder von ihm in Rechnung gestellt werden (z.B. Zoll oder Einfuhrumsatzsteuer beim Versand ins Ausland)

- Einzelheiten der Zahlung (wann der Käufer bezahlen muss, welche Bezahlmethoden ihm zur Verfügung stehen, welche Währungen Sie akzeptieren)

- Einzelheiten der Lieferung (wohin – also in welche Länder oder Regionen – Sie liefern können, auf welchem Wege die Ware zum Kunden kommt, wann sie verschickt wird und wie lange das Versandunternehmen benötigt)

- wie der Vertrag technisch zustande kommt (Warenkorb-Funktion, Bestell-Button…)

- ob und zu welchen Bedingungen ein Widerrufs- oder Rückgaberecht besteht

- Ihre Gewährleistungs- und Garantiebedingungen,

- ob der Vertragstext vom Verkäufer gespeichert wird und ob und wie er für den Kunden zugänglich ist

- wie der Kunde Eingabefehler vor Vertragsschluss erkennen und berichtigen kann

- die für den Vertragsschluss zur Verfügung stehenden Sprachen.

Die DaWanda-Plattform ist zwar an vielen Stellen für die Käufer selbsterklärend, dennoch kann Ihnen DaWanda nicht alle Informationspflichten abnehmen, die Sie als Verkäufer erfüllen müssen. Zum Beispiel die Frage, ob und in welcher Höhe Sie Umsatzsteuer erheben, in welche Regionen oder Länder Sie liefern, wie lange die Lieferung dauert und ob Sie besondere Garantien oder ähnliches anbieten wollen, können nur Sie als Shopbetreiber selbst entscheiden und regeln.

Auch das Bestehen oder Nichtbestehen eines Widerrufs- oder Rückgaberechts kann DaWanda als Plattformanbieter nicht allgemein regeln, sondern muss jeder Verkäufer eigenständig entscheiden und seinen Käufern mitteilen. Zur Frage des Widerrufsrechts gehört auch die Entscheidung des Verkäufers, ob die Rücksendekosten auf den Käufer verlagert werden sollen.

Die eigenen AGB

Ein Verkäufer kann für seinen Shop Allgemeine Geschäftsbedingungen (AGB) aufstellen, um darin alle oben erwähnten Pflichtinformationen und eventuelle weitere Bedingungen zusammenzufassen. DaWanda hält bei den Shop-Einstellungen ein entsprechendes Eingabefeld bereit. Dort können Sie Ihre AGB als Text eintragen. So haben Sie die Freiheit, Ihre eigenen Konditionen und Bedingungen für Ihren DaWanda-Shop einzubinden.

Bitte bedenken Sie aber, dass es sich bei AGB-Klauseln um keine einfache Materie handelt! Mit rechtlich fehlerhaften Klauseln können Sie nicht nur versehentlich die Rechte Ihrer Kunden verletzten, sondern setzen sich auch dem Risiko von Abmahnungen aus, die Ihnen unerwünschte Kosten bescheren. Ein häufiger Abmahngrund liegt darin, dass AGB und Widerrufsbelehrung nicht genau aufeinander abgestimmt sind und sich widersprechen. Sie sollten daher keine AGB aus ungeprüften Quellen kopieren, und auch keine Klauseln ohne ausreichende Fachkenntnisse selbst „zusammenbasteln" – denn das führt oft zu fehlerhaften und abmahnbaren Ergebnissen.

Wir empfehlen Ihnen, für die AGB-Erstellung anwaltliche Beratung hinzuziehen. Nur so können Sie sicherstellen, rechtlich einwandfreie und aktuelle AGB zu erhalten, die zu Ihrem individuellen Shop, Ihren Produkten und Geschäftsabläufen passen. Außerdem muss ein Anwalt die Haftung für AGB-Fehler und daraus resultierende Abmahnkosten übernehmen.

Ob Sie ein vollständiges AGB-Werk verwenden oder nicht – in jedem Fall müssen alle eingangs aufgeführten Pflichtinformationen bereits vor einem Vertragsschluss vollständig für den Kunden einsehbar sein. Ein erst nachträglicher Versand dieser Pflichtinformationen, z.B. im Rahmen einer Bestellbestätigung, genügt nicht.

Ein Verstoß gegen die Informationspflichten macht einen Vertragsschluss nicht automatisch unwirksam. Der Käufer kann sich allerdings leichter vom Vertrag lösen, und es kann es sein, dass Sie abgemahnt werden und Abmahnkosten zahlen müssen.

Achten Sie also darauf, dass Ihr Shop alle Pflichtinformationen enthält, und halten Sie die Informationen stets aktuell.

Online-Tool zur AGB-Erstellung

www.legalomat.de

Rechtsnormen

§ 5 TMG, § 305 BGB, § 312g BGB, Art. 246 EGBGB

Widerrufsrecht und Widerrufsbelehrung

Einer der zentralen Unterschiede zwischen dem Einkauf im Ladengeschäft und dem im Online-Shop liegt im Verbraucher-Widerrufsrecht: Wenn ein Verbraucher etwas in einem Online-Shop bestellt, darf er die Ware anschauen, testen und bei Nichtgefallen den Kaufvertrag widerrufen. Verbraucher ist nach § 13 BGB jede „natürliche Person, die ein Rechtsgeschäft zu einem Zwecke abschließt, der weder ihrer gewerblichen noch ihrer selbstständigen beruflichen Tätigkeit zugerechnet werden kann".

Zwar gibt es auch viele Ladengeschäfte, die Waren bei Nichtgefallen wieder zurücknehmen; dann aber handelt es sich um Kulanz. Bei Online-Shops hingegen hat der Verbraucher einen Rechtsanspruch auf Erstattung des Kaufpreises, wenn er den Kaufvertrag widerruft und die Ware zurückschickt.

Beginn und Dauer der Widerrufsfrist

Wenn dem Verbraucher ein Widerrufsrecht zusteht, kann er sich innerhalb der Widerrufsfrist von dem abgeschlossenen Vertrag wieder lösen. Beim Warenkauf beginnt die Widerrufsfrist, sobald der Verbraucher die Ware und die gesetzlichen Informationen über den Verkäufer und über das Widerrufsrecht erhalten hat.

Die Widerrufsfrist kann zwei Wochen oder einen Monat betragen. Welche Frist Anwendung findet, hängt von Einzelheiten des Bestellablaufs in Ihrem Online-Shop ab (vgl. § 355 Absatz 2 BGB). Die anzuwendende Frist ist gesetzlich vorgegeben und kann vom Verkäufer nicht einseitig verkürzt oder verlängert werden.

Ausübung des Widerrufsrechts

Den Widerruf kann der Verbraucher dem Verkäufer per Brief, E-Mail oder Fax (soweit beim Verkäufer vorhanden) schicken. Eine Begründung ist nicht erforderlich. Zur Fristwahrung genügt die Absendung innerhalb der Frist, auch wenn der Widerruf erst nach Fristablauf dem Verkäufer zugeht.

Hat der Verbraucher den Widerruf erklärt, wird der Vertrag rückabgewickelt (§ 346 BGB). In der Praxis muss zuerst der Käufer die Ware an den Verkäufer zurückschicken. Anschließend zahlt der Verkäufer dem Käufer den Kaufpreis zurück.

Neben dem Kaufpreis muss der Verkäufer dem Käufer im Normalfall sowohl die Versandkosten (Kosten des Versands an den Käufer) als auch die regelmäßigen Rücksendekosten erstatten, also meist das Porto, mit dem der Käufer das zurückgeschickte Paket frankiert hat.

Unter bestimmten Bedingungen aber muss der Käufer die Rücksendekosten selbst tragen, nämlich dann, wenn der Wert der zurückzusendenden Ware 40 Euro nicht übersteigt und (wichtig!) diese Kostentragung zuvor im Kaufvertrag ausdrücklich vereinbart wurde.

Wir empfehlen, dass Sie eine entsprechende Kostentragungsklausel in Ihre AGB aufnehmen, wenn Sie dem Käufer die Rücksendekosten auferlegen wollen.

Ein Käufer darf auch solche Waren zurückgeben, die er zum Testen geöffnet und benutzt hat. Hat der Käufer die Ware mehr als nur zum Aus- oder Anprobieren benutzt, z.B. Kleidung eine ganze Woche lang getragen und dabei verschmutzt, kann der Verkäufer – bei Verwendung einer entsprechenden Widerrufsbelehrung – Ersatz verlangen, z.B. in Höhe der Reinigungskosten.

Die richtige Widerrufsbelehrung

Über die Voraussetzungen und Folgen des Widerrufsrechts müssen Sie die Besucher Ihres Online-Shops informieren. Wie diese Information – die Widerrufsbelehrung – auszusehen hat, wurde zuletzt mit Gesetz vom 23. 5. 2011 (in Kraft getreten zum 4. 8. 2011) neu geregelt. In der Anlage 1 zu Artikel 246 § 2 Abs. 3 Satz 1 EGBGB finden sich zwar Formulierungsvorgaben. Daraus ergibt sich jedoch keine fertige „Standard-Widerrufsbelehrung". Es handelt sich vielmehr um ein komplexes Baukastensystem, aus dem Dutzende verschiedener Fassungen hervorgehen können. Für Laien ist die gesetzliche Vorgabe nur schwer verständlich und kaum fehlerfrei anwendbar.

Wer hier unsicher ist und eine abmahnsichere Widerrufsbelehrung einsetzen möchte, sollte sich anwaltlich beraten lassen. Einen generellen Hinweis oder ein allgemeingültiges Muster können wir an dieser Stelle leider nicht zur Verfügung stellen, denn die zu verwendenden Formulierungen in der Widerrufsbelehrung sind unter anderem abhängig von der konkreten Ausgestaltung des Online-Shops, von der angebotenen Produktart, von Individualisierungsmöglichkeiten und teilweise sogar von der Art der Verpackung.

Ausblick

Das Widerrufsrecht hat sich in den letzten Jahren oft geändert. Halten Sie daher Ihre AGB und Widerrufsbelehrung stets aktuell! Die nächsten Änderungen stehen schon vor der Tür: Aufgrund der EU-Verbraucherrechterichtlinie (EU-VRRL) ist für Ende 2013 ein Reformgesetz angekündigt, das Juni 2014 in Kraft treten soll. Die inhaltlichen Details standen bei Redaktionsschluss aber noch nicht fest.

Online-Tool

Rechtssichere Widerrufsbelehrung online erstellen:
www.legalomat.de

Rechtsnormen

§ 312d BGB, § 346 BGB, §§ 355-357 BGB, Artikel 246 § 2 Abs. 3 Satz 1 EGBGB

Erstattung von Versandkosten im Widerrufsfall

Im Onlinehandel hat der Verbraucher einen Anspruch auf Erstattung des Kaufpreises, wenn er den Kaufvertrag aufgrund des Verbraucherwiderrufsrechts widerruft und die Ware zurückschickt.

Durch den Widerruf wird der Vertrag rückabgewickelt. Dazu muss der Käufer die Ware an den Verkäufer zurückschicken, und zwar innerhalb einer Frist von 30 Tagen ab der Absendung des Widerrufs. Sobald die Widerrufserklärung beim Verkäufer eingegangen ist, hat der Verkäufer 30 Tage Zeit, dem Käufer den Kaufpreis zurückzuzahlen.

Hinsendekosten

Einige Zeit war unklar, ob der Verkäufer dem Käufer auch die mit dem Kaufpreis gezahlten Verpackungs- und Versandkosten („Hinsendekosten") erstatten muss. Denn ob der Verkäufer dem Käufer auch die Hinsendekosten für die ursprüngliche Lieferung erstatten muss, geht aus dem Gesetz nicht direkt hervor. Allerdings entschied der Bundesgerichtshof 2010, dass dem Verbraucher im Widerrufsfall neben dem Kaufpreis auch die Hinsendekosten zu erstatten sind. Der Käufer erhält also die gesamte Zahlung zurück, die er beim Kauf für die betreffenden Artikel geleistet hat. Diese Regelung soll demnächst auch im Gesetzestext ausdrücklich verankert werden.

Rücksendekosten

Neben dem Kaufpreis muss der Verkäufer dem Käufer im Normalfall auch die Rücksendekosten erstatten, also in der Regel das Porto, mit dem der Käufer das zurückgeschickte Paket frankiert. Ist eine aufwändige Verpackung für die Rücksendung erforderlich, kann der Käufer auch die Kosten für das Verpackungsmaterial erstattet verlangen.

Dem Verbraucher ist es sogar gesetzlich erlaubt, Rücksendungen als unfreies Paket zu schicken. Der Verkäufer darf daher in seinen AGB nicht die Annahme von unfreien Rücksendungen ausschließen. Weil aber unfreie Sendungen unnötig hohe Kosten verursachen, wäre es – trotz dieser Rechtslage – vom Käufer fair, das Rücksendeporto erst einmal auszulegen oder den Verkäufer vorab nach der besten Rücksendemethode zu fragen. Einige Verkäufer bieten ihren Käufern zum Beispiel kostenlose Retourenaufkleber an – eine gute Lösung für beide Seiten. Viele Versandunternehmen stellen für Online-Händler spezielle Retouren-Lösungen in dieser oder ähnlicher Form bereit.

Verlagerung der Rücksendekosten auf den Käufer

Unter bestimmten Bedingungen muss der Käufer die Rücksendekosten selbst tragen. Dies ist dann der Fall, wenn der Wert der zurückgesandten Ware 40 Euro nicht übersteigt und die Kostenverlagerung zuvor zwischen Käufer und Verkäufer ausdrücklich vereinbart wurde. Üblicherweise befindet sich eine solche Vereinbarung über die Verlagerung der Rücksendekosten in den AGB des Verkäufers. Die Kostenverlagerung ist aber nur zulässig und wirksam, wenn AGB und Widerrufsbelehrung in diesem Punkt genau aufeinander abgestimmt sind.

Ist die Kostenverlagerung wirksam vereinbart, muss der Käufer die Rücksendung selbst bezahlen. Schickt der Käufer die Ware unfrei zurück, kann der Verkäufer die Erstattung des vom Empfänger bei der Annahme gezahlten Nachportos verlangen.

Die Verlagerung der Rücksendekosten auf den Käufer hat aber keine Auswirkungen auf die Hinsendekosten: Die muss der Verkäufer in jedem Falle mit dem Kaufpreis zurückzahlen.

Handbestempelte Briefmarken
Hersteller: Nettis-STAMPel

Beispiele

Beispiel 1:

Maxie Mustermann hat in ihrem gewerblichen DaWanda-Shop eine Tasche zum Preis von 45 Euro zzgl. 4 Euro Versandkosten an Gunda Gründlich verkauft. Beim Auspacken ist Gunda enttäuscht. Sie hatte sich die Tasche anders vorgestellt. Daher teilt sie in einer E-Mail an Maxie mit, dass sie ihren Kauf widerruft. Gunda packt die Tasche zurück in den Versandkarton und schickt diesen als Postpaket für 4,90 Euro zurück an Maxie.

Wenige Tage später hat Maxie die Tasche wieder in den Händen. Jetzt überweist sie 53,90 Euro an Gunda (45 Euro Kaufpreis + 4 Euro ursprüngliche Versandkosten + 4,90 Euro Rücksendeporto, das Gunda verauslagt hat).

Beispiel 2:

Wie Beispiel 1, aber mit einem Taschenpreis von 39 Euro. Außerdem enthalten Maxies AGB und ihre Widerrufsbelehrung eine Klausel, nach der der Käufer die regelmäßigen Kosten der Rücksendung zu tragen hat, wenn der Wert der zurückzusendenden Ware 40 Euro nicht übersteigt. Gunda kann auch hier ihr Widerrufsrecht ausüben und die Tasche zurückschicken. In diesem Fall bekommt Gunda nach der Rücksendung 43 Euro zurück: 39 Euro Kaufpreis + 4 Euro ursprüngliche Versandkosten. Für das Rücksendeporto muss Gunda selbst aufkommen.

Beispiel 3:

Wie Beispiel 1, aber bei der Rücksendung gibt Gunda das Paket als „unfrei" zur Post. Als das Paket bei Maxie ankommt, verlangt der Postbote 15 Euro Porto. Maxie muss schlucken, nimmt das Paket aber an und zahlt. Maxie überweist an Gunda 49 Euro (45 Euro Kaufpreis + 4 Euro ursprüngliche Versandkosten). Anschließend schreibt Maxie an Gunda eine E-Mail und bittet sie, beim nächsten Mal einen der kostenlosen Retourenscheine zu verwenden, die Maxie für solche Fälle vorrätig hat.

Verpackungsverordnung

Das Thema der richtigen Verpackung ist nicht nur für designbewußte Verkäufer relevant. Sobald Sie Ware an den Käufer versenden, müssen Sie die Verpackungsverordnung beachten. Die Verordnung regelt die Verwendung und das Recycling aller Arten von Verpackungen, darunter

- Verkaufsverpackungen (Beispiel: ein Marmeladenglas),

- Umverpackungen (Beispiel: Folie um ein Set von drei Marmeladengläser),

- Transportverpackungen (Beispiel: Pappkarton, in dem das Set der drei Marmeladengläser verschickt wird).

Paketohrringe
Hersteller: **miniblings**

Neben den typischen Kartons für Päckchen und Pakete fallen unter die Verordnung auch alle sonstigen Materialien, die beim Versand verwendet werden – z.B. Luftpolstertaschen, Schaumstoffchips, Holzwolle, Packpapier oder umhüllende Folien. Eine Untergrenze für die Menge der verwendeten Verpackungsmaterialien gibt es nicht – die Verpackungsverordnung gilt auch für geringe Mengen. Umweltpolitisches Ziel ist es, möglichst wenig Material in Umlauf zu bringen und von dem in Umlauf gebrachten Verpackungsmaterial möglichst viel wiederzuverwenden.

Die Verpackungsverordnung verpflichtet Versandhändler dazu, nur solche Verpackungen und Füllmaterialien zu verwenden, deren Rücknahme durch einen Anbieter eines flächendeckenden Rücknahmesystems garantiert wird. In der Praxis bedeutet das, dass Sie Ihre Verpackungen zunächst bei einem beliebigen Händler einkaufen. Dann wenden Sie sich an eine der Firmen, die in Deutschland ein Rücknahmesystem anbieten. Dazu teilen Sie mit, welche Verpackungen (Material, Größe und Anzahl) Sie im Jahr durchschnittlich verschicken. Wenn Sie erst am Anfang Ihrer Tätigkeit sind, schätzen Sie die Menge. Aus Ihren Angaben berechnet das Rücknahmeunternehmen die Lizenzkosten. Sobald Sie bezahlt haben, erhalten Sie die Lizenz, die angemeldete Menge an Verpackungen in Umlauf zu bringen. Da die Rücknahmeunternehmen unterschiedliche Preise haben, sollten Sie mehrere Angebote einholen. Meist funktioniert der Beitritt zu einem der Rücknahmesysteme auch unkompliziert über das Internet.

Kleinere und leichtere Verpackungen lohnen sich mehrfach: Weniger Verpackungsmaterial bedeutet weniger Energie-, Wasser- und Rohstoffverbrauch bei der Herstellung. Beim Transport verbrauchen leichtere Verpackungen weniger Treibstoff. Und je weniger Verpackungen Sie einsetzen und je umweltfreundlicher das Material, desto weniger zahlen Sie für die Lizenzierung.

Ohne Anmeldung bei einem Entsorgungssystem besteht ein Vertriebsverbot. Verstöße kann die Aufsichtsbehörde mit einem Bußgeld ahnden. Der Verkäufer ist jedoch nicht verpflichtet, im Impressum oder den AGB anzugeben, welchem Entsorgungssystem er sich angeschlossen hat.

Adressen von Entsorgungsanbietern

Um sich einem Entsorgungssystem anzuschließen, können Sie sich z.B. an die unten aufgeführten Unternehmen wenden. Unsere Liste ist nur eine unverbindliche Auswahl in alphabetischer Reihenfolge.

- Belland Vision GmbH, Bahnhofstr. 9, 91257 Pegnitz,
  Tel. 09241 4832-0, bellandvision.de

- Der Grüne Punkt – Duales System Deutschland GmbH,
  Frankfurter Str. 720-726, 51145 Köln,
  Tel. 02203 9370, www.gruener-punkt.de

- EKO-PUNKT GmbH, Brunnenstr. 138, 44536 Lünen,
  Tel. 02306 1068921, www.eko-punkt.de

- Landbell AG, Rheinstraße 4L, 55116 Mainz,
  Tel. 06131 235652-0, www.landbell.de

- Vfw GmbH, Max-Planck-Str. 42, 50858 Köln,
  Tel. 02234 9587-0, www.vfwsystems.com

- Zentek GmbH & Co. KG, Ettore-Bugatti-Str. 6-14, 51149 Köln,
  Tel. 02203 8987-0, www.zentek.de

Preisbeispiele

Beim „Grünen Punkt" kostet die Lizenzierung von 1 kg Papp-Verpackung 0,175 €. Kunststoffe (Folien, Schaumstoffe) kosten rund 1,25 € pro kg. Die Entgelte beziehen sich auf jeweils ein Kalenderjahr. Das Mindestentgelt liegt bei 140 Euro/Jahr zzgl. Umsatzsteuer. Mit diesem Mindestentgelt sind rund 800 kg Papier/Pappe abgedeckt – das entspricht etwa 8.000 Päckchen.

Bei der Landbell AG kostet die Lizenzierung von 1 kg Papp-Verpackung 0,165 €. Kunststoffe (Folien, Schaumstoffe) kosten rund 1,20 € pro kg. Die Entgelte beziehen sich auf jeweils ein Jahr. Der Mindestumsatz für die ersten zwei Jahre zusammen beträgt 150 Euro (entspricht 75 Euro/Jahr) zzgl. Umsatzsteuer und deckt rund 150 kg Pappe/Papier ab (rund 1.500 Päckchen). Es gibt Vergünstigungen für die Folgejahre und Rabatte bei größeren Mengen.

Beim der Eko-Punkt GmbH kostet 1 kg Papp-Verpackung 0,15 €, 1 kg Kunststoff 1,10 €. Die Entgelte beziehen sich auf jeweils ein Kalenderjahr. Der Mindestumsatz für das erste Jahr beträgt 125 Euro zzgl. Umsatzsteuer.

Die Preise der Anbieter können sich jederzeit ändern. Für die Richtigkeit der angegebenen Preisbeispiele übernehmen wir daher keine Gewähr. Bei vielen Anbietern können Sie online ein aktuelles Preisangebot für Ihren Shop einholen.

Besonderheiten beim Verkauf ins Ausland

Ihre DaWanda-Angebote finden nicht nur in Deutschland Anklang, sondern auch über die Grenzen hinweg? Dann erklären wir Ihnen, woran Sie denken müssen, wenn Sie auch ins Ausland versenden wollen. Dabei gehen wir in unserem Beitrag davon aus, dass Sie als Unternehmer an einen privaten Endverbraucher liefern. Dies ist der Regelfall. Wenn Sie an Unternehmer liefern, kann die Rechtslage abweichen.

Wichtig ist zunächst, dass Sie in Ihrem Shop klarstellen, ob Sie nur innerhalb Deutschlands liefern wollen oder auch in andere Länder – und welche das sind. Sie können dabei jedes Land einzeln aufführen oder Ländergruppen angeben (z.B. „Europäische Union"). Ihr Liefergebiet kann sich aus Ihren Angaben unter „Bezahlung & Versand" ergeben oder aus Ihren AGB.

Versandkosten und Zustelldauer prüfen

Wenn Sie ins Ausland versenden möchten, müssen Sie in Ihrem Shop die Versandkosten für alle Länder angeben, in die Sie liefern. Es reicht auf keinen Fall aus (und wäre abmahnfähig), nur zu schreiben „Kosten für den Versand ins Ausland bitte anfragen." Sie müssen aber nicht jedes Land einzeln aufführen, sondern können auch Pauschalen oder Ländergruppen angeben, z.B. so: „Versand nach Belgien, Luxemburg und in die Niederlande: 7,50 Euro inkl. 19% Umsatzsteuer (USt.); Versand in alle anderen EU-Länder: 9,- Euro inkl. 19% USt.".

Es ist auch zu bedenken, dass der Versand ins Ausland in der Regel länger dauert als innerhalb Deutschlands. Auch dies müssen Sie Ihren Kunden vorab offenlegen, z.B. so: „Die Zustellung nach Österreich und in die Niederlande dauert bis zu 4 Werktage. Die Zustellung nach Spanien dauert bis zu 8 Werktage."

Informieren Sie sich vorab bei Ihrem Versandunternehmen, ob die gewünschte Zustellungsart auch möglich ist und was sie kostet. Denn manche Unternehmen liefern nicht in alle Länder (z.B. bietet Hermes keinen Versand nach Norwegen an), und manche Auslandssendungen sind deutlich teurer als im Inland (ein DHL-Nachnahmepaket nach Frankreich kostet z.B. ab 22,- Euro).

Die Angaben zu Ihrem Liefergebiet, zu Versandkosten und -dauer bringen Sie am besten in Ihren Shop-Einstellungen unter „Bezahlung & Versand" und ergänzend in Ihren AGB unter.

Sprache für Artikelbeschreibungen und Rechtstexte

Wenn Sie Ihre Artikel auf dem deutschen DaWanda-Portal anbieten, also auf *de.dawanda.com*, genügt es, Ihre Shop- und Artikelbeschreibungen sowie AGB, Widerrufsbelehrung und Impressum auf deutsch zu verfassen. Dies gilt auch dann, wenn Sie auf der deutschen Plattform den Versand ins nicht-deutschsprachige Ausland anbieten. Ergänzend können Sie anderssprachige Übersetzungen Ihrer Artikelbeschreibungen, AGB etc. anbieten. Das ist hilfreich für Ihre Käufer (und dadurch auch verkaufsfördernd), aber keine rechtliche Pflicht.

Anders sieht es aus, wenn Sie Artikel direkt auf den weiteren DaWanda-Plattformen anbieten, z.B. bei DaWanda France (*fr.dawanda.com*) oder bei DaWanda United Kingdom (*en.dawanda.com*). Denn dort ist das gesamte Shop-System – Kategorienamen, Buttons, Hilfetexte, E-Mails usw. – in der jeweiligen Landessprache gehalten. Ein Käufer darf auf diesen Plattformen erwarten, dass Sie Ihre Artikel in der dortigen Landessprache präsentieren. Auch Impressum, AGB und Widerrufs- bzw. Rückgabebelehrung müssen in der jeweiligen Landessprache verfasst sein, und zwar auch dann, wenn Ihre AGB eine Rechtswahlklausel für das deutsche Recht enthalten.

Büroklammern „Dollars"
Hersteller: qcuteshop

Zahlungsempfang aus dem Ausland

Welche Bezahlmethoden und Währungen möchten Sie akzeptieren? Wenn Sie z.B. Banküberweisungen in Schweizer Franken oder Britischen Pfund erhalten, berechnet Ihre Bank möglicherweise Gebühren für die Umrechnung in Euro. Überweisungen innerhalb der Euro-Zone – sogenannte SEPA-Überweisungen – führen Banken hingegen für Verkäufer und Käufer ohne Mehrkosten aus. Sie können daher in Ihren AGB festlegen, dass Sie nur solche Überweisungen annehmen, die der Käufer in Euro und für Sie spesenfrei vornimmt.

Entfallende Umsatzsteuer bei Lieferung in Nicht-EU-Länder

Wenn Sie normalerweise Umsatzsteuer beim inländischen Verkauf berechnen, entfällt Ihre Umsatzsteuerpflicht für die Waren, die Sie in Nicht-EU-Länder liefern. Es handelt sich dann um Ausfuhrlieferungen nach § 6 Umsatzsteuergesetz. An die Stelle der deutschen Umsatzsteuer tritt die Einfuhrumsatzsteuer im Zielland. Für die Schweiz zum Beispiel beträgt der Regelsatz der Einfuhrumsatzsteuer 8% des Wertes der Lieferung. Diese Steuer muss der Käufer bei Warenempfang zahlen. Der Wert der Lieferung ergibt sich aus Ihrer Zollinhaltserklärung.

Für geringwertige Sendungen gibt es Freigrenzen, die – je nach Land und Warenart – bei etwa 20 Euro liegen. Unterhalb dieser Wertgrenzen verzichten einige Länder auf die Zollbehandlung, so dass keine Einfuhrumsatzsteuer erhoben wird. Bitte erkundigen Sie sich wegen der Einzelheiten vorab bei der Zollbehörde des Ziellandes.

Wenn Sie auf die Erhebung der deutschen Umsatzsteuer verzichten, müssen Sie für das deutsche Finanzamt einen Beleg aufbewahren, dass Sie die Bestellung tatsächlich ins Nicht-EU-Ausland ausgeführt haben. Dazu kann ein Einlieferungsschein der Post dienen, aus dem Absender und Empfänger hervorgehen, und den Sie mit einer Kopie Ihrer Rechnung aufbewahren. Können Sie bei einer Steuerprüfung die Ausfuhr nicht belegen, müssten Sie die Umsatzsteuer – nebst erheblicher Zinsen – aus eigener Tasche nachzahlen.

Rechtswahlklausel in AGB

Wenn Sie ein Produkt an einen Kunden im Ausland verkaufen, stellt sich – in rechtlicher Sicht – vor allem die Frage, ob für den Kaufvertrag deutsches Recht gilt oder das Recht des Landes, in dem Ihr Käufer wohnt. Im Normalfall heißt es: Der Kunde ist König – es gilt das Recht Ihres Käufers. Wenn Sie also eine Sache an einen Verbraucher in Rom verkaufen, gilt italienisches Recht. Treten Schwierigkeiten bei der Vertragsabwicklung auf, z.B. eine Beschädigung auf dem Transportweg, dann müsste dies nach italienischem Recht behandelt werden. Auch das Widerrufsrecht würde dem Recht des Empfängerlandes unterfallen, so dass Sie die Widerrufsbelehrung den Vorschriften des Empfängerlandes gemäß gestalten müssten. Für Sie als Verkäufer ist das natürlich unpraktisch und unübersichtlich. Sie können deshalb mit Ihren Käufern vereinbaren, dass deutsches Recht gelten soll. Eine solche Bestimmung können Sie in Ihre Shop-AGB aufnehmen und nennt sich dann Rechtswahlklausel.

Vorrang des Verbraucherschutzrechts des Käufers

Aber auch bei einer vereinbarten Rechtswahl gilt immer: Der Kunde bleibt König – jedenfalls wenn es ein Verbraucher ist. Wenn es zum Beispiel um Widerruf und Gewährleistung geht, darf Ihrem Kunden durch die Vereinbarung des deutschen Rechts kein Nachteil entstehen im Vergleich zum nationalen Recht des Kunden. Beispielsweise gilt auf Malta eine Widerrufsfrist von 15 Tagen für Online-Verkäufe. Diese 15 Tage müssen Sie einem Kunden aus Malta also auch dann einräumen, wenn Sie in Ihren AGB deutsches Recht vereinbaren und die deutsche Frist nur 14 Tage beträgt. Ihre Widerrufsbelehrung muss dann um diesen Sonderfall für Malta ergänzt werden, um korrekt zu sein.

Deutschland hat bereits eines der höchsten Schutzniveaus für Verbraucher in Europa. Dennoch gibt es einige Fälle, in denen die ausländischen Käufer gegenüber dem deutschen Recht besser gestellt sind. Diese Sonderfälle müssen Sie berücksichtigen, denn auch Verstöße gegen ausländisches Verbraucherschutzrecht können in Deutschland abgemahnt werden. Achten Sie daher darauf, dass Ihre AGB und Widerrufsbelehrung auch die Besonderheiten Ihrer Lieferländer umfassen. Einige Beispiele haben wir auf der folgenden Seite zusammengestellt.

EU-Verbraucherrechte-Richtlinie (EU-VRRL)

Die Europäische Union hat mit der Richtlinie 2011/83/EU vom 25. 10. 2011 beschlossen, die verbraucherrechtlichen Regelungen für Online-Käufe länderübergreifend zu vereinheitlichen. Insbesondere sollen die bisher unterschiedlichen Regelungen zum Widerrufsrecht vereinheitlicht werden. Der grenzüberschreitende Warenhandel soll dadurch einfacher und transparenter werden. Wie sich die Richtlinie auf die deutschen Verkäufer im Detail auswirken wird, steht jedoch noch nicht fest. Die gesetzlichen Änderungen sollen bis 13. 12. 2013 bekannt gegeben werden zum 13. 6. 2014 in Kraft treten.

Verbraucherrechtliche Besonderheiten einiger Länder

Auch wenn die folgende Liste nicht vollständig ist, zeigen die aufgeführten Beispiele die Vielfalt der aktuellen rechtlichen Regelungen in Europa. Die EU strebt zwar langfristig ein einheitliches europäisches Vertrags- und Verbraucherschutzrecht an – doch noch ist es nicht so weit.

Österreich:

Im österreichischem Widerrufsrecht beträgt die Widerrufsfrist nur sieben Werktage – gegenüber 14 Kalendertagen bzw. 1 Monat in Deutschland. Außerdem gilt in Österreich der Samstag nicht als Werktag gilt – anders als in Deutschland.

Schweiz:

In der Schweiz besteht kein Widerrufsrecht für Einkäufe im Internet.

Frankreich, Belgien, Niederlande, Luxemburg:

Verbraucher aus diesen Ländern können ihr Widerrufsrecht auch mündlich, z.B. telefonisch, geltend machen (abweichend von der Textform des deutschen Verbraucherrechts). Die Widerrufsbelehrung muss für diese Länder daher einen Zusatz erhalten.

Italien:

Nach italienischem Recht kann ein Verbraucher einen Vertrag nur per Einschreiben mit Rückschein widerrufen. Außerdem beträgt die Widerrufsfrist 10 italienische Werktage. Je nach Lage der italienischen Feiertage variiert also die Länge der Widerrufsfrist, sie kann sogar länger als die deutsche 14-Tage-Frist sein. Darauf muss die Widerrufsbelehrung hinweisen.

Malta und Slowenien:

Hier beträgt die Widerrufsfrist 15 Tage. Auf diese gegenüber dem deutschen Recht abweichende Frist muss hingewiesen werden.

Griechenland, Estland und Litauen:

Verbraucher in diesen Ländern können auch individualisierte Waren an den Verkäufer zurückschicken und den Kaufvertrag widerrufen. Der im deutschen Recht vorgesehene Ausschluss des Widerrufsrechts gilt beim Versand in diese Länder nicht. Darauf muss der Verkäufer in der Widerrufsbelehrung hinweisen.

Finnland:

Wenn ein finnischer Verbraucher eine Ware zurücksendet, trägt immer der Verkäufer die Rücksendekosten. Die gegenüber deutschen Käufern mögliche "40-Euro-Klausel" darf mit finnischen Käufern nicht vereinbart werden.

Litauen, Slowenien, Slowakei und Polen:

Verbrauchern aus Litauen, Slowenien und der Slowakei muss der Verkäufer die Kaufpreis-Erstattung im Widerrufsfall binnen 15 Tagen zahlen (statt binnen 30 Tagen nach deutschem Recht). Für Verbraucher aus Polen gelten sogar nur 14 Tage.

Zollfrei versenden innerhalb der EU

Die Europäische Union hat den Warenverkehr stark vereinfacht. Insbesondere sind lästige Zollkontrollen entfallen. Sie können in alle EU-Länder ohne Hindernisse Waren als Brief, Päckchen oder Paket versenden. Untereinander erheben die EU-Mitglieder weder Zölle noch Einfuhrsteuern. Sonderregeln bestehen nur für einige bestimmte Artikel (z.B. Autos, Medikamente), die üblicherweise aber nicht über Plattformen wie DaWanda gehandelt werden.

Zur EU gehören zur Zeit Belgien, Bulgarien, Dänemark, Deutschland, Estland, Finnland, Frankreich, Griechenland, Großbritannien, Irland, Italien, Lettland, Litauen, Luxemburg, Malta, die Niederlande, Österreich, Polen, Portugal, Rumänien, Schweden, die Slowakei, Slowenien, Spanien, Tschechien, Ungarn und Zypern.

Zollinhaltserklärung für Nicht-EU-Länder

Wenn Sie in Länder außerhalb der EU liefern, müssen Sie eine „Zollinhaltserklärung" ausfüllen und gut sichtbar außen auf der Sendung befestigen. Für Briefe und Päckchen ist die Erklärung vom Typ „CN 22" vorgesehen. Für Pakete verwenden Sie dagegen „CN 23". Vordrucke für beide Arten sind als Aufkleber in den Postfilialen erhältlich – sie gelten aber nur für einen Warenwert bis 1.000 Euro. Für höherwertige Sendungen wenden Sie sich an die Zollniederlassung in Ihrer Nähe.

Auf Grundlage der Zollinhaltserklärung kann das Zielland Zoll und Einfuhrumsatzsteuer berechnen und vom Empfänger (also Ihrem Käufer) erheben. Dem Käufer wird die Sendung erst ausgehändigt, wenn er Zoll und Steuer an seine lokale Zollbehörde bezahlt hat. Darüber müssen Sie Ihre Käufer schon vor dem Vertragsschluss informieren, z.B. in Ihren AGB. Alternativ können Sie den Hinweis auf Zoll und/oder Einfuhrumsatzsteuer auch in die Produktbeschreibung aufnehmen. Erkundigen Sie sich im Vorfeld bei der Zollbehörde des Ziellandes, mit welchen Einfuhrkosten zu rechnen ist, und stellen Sie diese Information Ihren Kunden zur Verfügung.

Einfuhrbeschränkungen für bestimmte Waren und Länder

In einigen Fällen kann es vorkommen, dass bestimmte Waren in Nicht-EU-Länder überhaupt nicht geliefert werden dürfen. Solche Beschränkungen gibt es vor allem für Lebensmittel. Falls Sie also z.B. selbstgemachte Marmelade, Schokolade, Senf, Honig oder Backwaren in Nicht-EU-Länder schicken möchten, informieren Sie sich zuvor, ob die Einfuhr erlaubt ist. Wenn es Beschränkungen gibt, sollten Sie dies in der Produktbeschreibung kenntlich machen, z.B. so: „Dieser Artikel ist leider nicht lieferbar in die USA."

Umgang mit Kundendaten

Als DaWanda-Verkäufer unterliegen Sie dem Bundesdatenschutzgesetzes (BDSG). Das Gesetz regelt den Umgang mit personenbezogenen Daten und gibt vor, wie, in welchem Umfang und zu welchem Zweck Sie solche Daten erheben, verarbeiten und speichern dürfen.

Als personenbezogene Daten gelten insbesondere

- die Namen Ihrer Käufer
- Postadressen, Telefon- und Faxnummern, E-Mail-Adressen
- Geburtsdaten
- Bankverbindungen (dazu gehören auch PayPal- und Kreditkarten-Daten).

Alle diese Daten unterliegen besonderem gesetzlichen Schutz. Als Verkäufer dürfen Sie diese Daten nur verwenden, soweit es für die Abwicklung der Bestellungen erforderlich ist. Zur Vertragsabwicklung gehören

- die Zusendung einer Eingangs-, Bestell- oder Vertragsbestätigung
- eventuelle individuelle Nachfragen zur Bestellung
- die Erstellung von Anschreiben, Lieferschein, Rechnung, Retourenlabel etc.
- das Zusammenstellen und Verpacken der bestellten Artikel
- das Etikettieren des Versandpakets
- die Sendungsverfolgung (z.B. Zustellstatus online abfragen)
- die Nachbereitung: Zahlungserinnerungen, Reklamationen oder Retouren bearbeiten

Auch wenn die Bestellung für Sie und den Käufer zur Zufriedenheit abgeschlossen wurde, haben Sie noch steuerrechtliche Aufbewahrungspflichten. Rechnungen z.B. müssen Sie in der Regel 10 Jahre lang aufbewahren (§ 14b Umsatzsteuergesetz). So lange dürfen Sie auch die personenbezogenen Daten gespeichert halten, soweit sie direkt mit der Rechnung zusammenhängen.

Die personenbezogenen Daten dürfen Sie aber keinesfalls

- an Dritte weitergeben (außer bei gesetzlicher Verpflichtung hierzu)
- für E-Mail-Newsletter, für Fax- oder Telefonwerbung verwenden
- oder als Referenzen veröffentlichen („diese Kunden haben bei mir gekauft"),

solange Ihre Kunden einer solchen Verwendung nicht ausdrücklich zugestimmt haben. Für eine solche Zustimmung reicht eine AGB-Klausel allerdings ebensowenig aus wie eine vorgefertigte Einwilligung in etwaigen Datenschutzinformationen.

Seien Sie also besonders zurückhaltend, wenn Sie Kundendaten für etwas verwenden wollen, das nicht ausschließlich mit der Zusendung und Abrechnung der bestellten Artikel zu tun hat! Insbesondere für E-Mail-Newsletter benötigen Sie erst die Zustimmung Ihres Kunden.

Handytasche „Mannequin", **Hersteller: PoemCottage**

BESONDERHEITEN EINZELNER PRODUKTARTEN

Kennzeichnung von Textilien

Kinderspielzeug · CE-Kennzeichnung

Elektrogeräte · Batterien

Kennzeichnung von Textilien

Wenn Sie Textilerzeugnisse verkaufen, müssen Sie ihre Kunden darüber informieren, aus welchen textilen Rohstoffen Ihr Produkt besteht. Die europäische Textilkennzeichnungsverordnung (EU-TextilkennzVO) enthält hierzu eine Vielzahl detaillierter Kennzeichnungspflichten.

Betroffene Waren

Textilerzeugnisse im Sinne der EU-TextilkennzVO sind Waren, die zu mindestens 80 % ihres Gewichts (bzw. des Gewichts der aus Stoff bestehenden Teile), aus textilem Rohstoff hergestellt sind. Textile Rohstoffe sind Fasern, die sich verspinnen oder zu textilen Flächengebilden (Stoffen) verarbeiten lassen. Zu den Fasern zählen sowohl natürliche (z.B. Baumwolle, Flachs, Seide) als auch künstliche (z.B. Polyester). Waren, die zu weniger als 80 Gewichtsprozent aus textilem Rohstoff bestehen, fallen nicht unter die Verordnung.

Inhalt und Sprache der Kennzeichnung

Die EU-TextilkennzVO enthält einen Katalog von zulässigen Materialnamen (Anhang I der Verordnung). Nur diese Materialnamen dürfen Sie verwenden. Fantasiebezeichnungen („Flauschfaser", „Kuschelstoff") kommen für das Etikett also nicht in Frage. Abkürzungen der amtlichen Bezeichnungen sind ebensowenig erlaubt.

Für jede Faserart ist ihr prozentualer Gewichtsanteil anzugeben, bezogen auf das Gewicht des textilen Teils des Produktes. Wenn ein Produkt noch sonstige Bestandteile (z.B. Applikationen) aus Leder oder Metall enthält, werden diese nicht in das Gesamtgewicht einbezogen.

Wenn nur eine einzige Faserart verwendet wird, darf statt der Angabe „100%" der Zusatz „rein" oder „ganz" verwendet werden. Besteht das Produkt aus mehreren Faserarten, sind diese in absteigender Reihenfolge ihres Gewichtsanteiles aufzuführen, d.h. die Faser mit dem größten Anteil ist immer zuerst zu nennen. Die frühere Regelung, dass Fasern mit einem Anteil von bis zu 15% nicht genau aufgeführt werden müssen, ist durch die EU-TextilkennzVO aufgehoben worden. Jetzt müssen also sämtliche Fasern mit ihrem Gewichtsanteil angegeben werden.

Neu gegenüber dem früheren Textilkennzeichnungsgesetz ist auch, dass Lederaufnäher nun besonders gekennzeichnet werden müssen mit dem Zusatz „Enthält nichttextile Teile tierischen Ursprungs". Der gleiche Hinweis ist erforderlich, wenn z.B. Mantelknöpfe aus Horn bestehen.

Die Textilkennzeichnung muss in derjenigen Amtssprache abgefasst sein, die im Land Ihres Käufers gilt. Wenn Sie die Textilie also nur deutschen oder österreichischen Käufern anbieten, genügt die Kennzeichnung auf deutsch. Wenn Sie aber auch nach Frankreich liefern, müssen Sie zusätzlich die französischen Fasernamen aufführen. Das gilt nicht nur für das Etikett, sondern auch für die Produktbeschreibung im Onlineshop. Achten Sie auf eine korrekte Übersetzung.

Anbringung der Kennzeichnung

Die Textilkennzeichnung muss am Produkt so angebracht sein, dass sie „dauerhaft, sichtbar, zugänglich und leicht lesbar" ist (§ 14 EU-TextilkennzVO). Das Schriftbild muss „in Bezug auf Schriftgröße, Stil und Schriftart einheitlich" sein (§ 16 EU-TextilkennzVO).

Im Regelfall müssen die Informationen sowohl direkt im oder am Produkt selbst angebracht sein (z.B. als Etikett oder Aufdruck), als auch in der Online-Produktbeschreibung. Wenn Sie Stoff als Meterware verkaufen, braucht der verkaufte Stoffabschnitt selbst nicht etikettiert zu sein; anstelle eines Etiketts muss die Lieferung dann aber eine Rechnung, einen Lieferschein oder ein sonstiges Begleitdokument mit den Angaben der Textilkennzeichnung enthalten.

Ausnahmen von der Kennzeichnungspflicht

Einige Produkte müssen nur im Online-Shop gekennzeichnet werden, aber nicht zusätzlich an der Ware. Dies nennt sich „globale Kennzeichnung". Darunter fallen unter anderem Gürtel, Haarnetze, Lätzchen und Hosenträger (siehe Anhang VI der EU-TextilkennzVO).

Es gibt auch Produkte, die von der Kennzeichnungspflicht vollständig ausgenommen sind, z.B. kleine Hüllen für Mobiltelefone (bis zu einer Oberfläche der Hülle von 160 Quadratzentimetern), Stoffblumen, gebrauchte Kleidung, Etuis (für Brillen, Zigaretten und Feuerzeuge), Uhrenarmbänder und Spielzeug (siehe Anhang V der EU-TextilkennzVO).

Es besteht keine Pflicht, den Käufer auf die nationale Herkunft oder den Verarbeitungsort der Textilie hinzuweisen („Made in …"). Auch eine Pflegekennzeichnung („Maschinenwaschbar bis 40 °C", „Nicht bügeln" etc.) ist keine gesetzliche Pflicht, aber zu empfehlen, um eine falsche Behandlung durch den Käufer und daraus resultierende Reklamationen zu vermeiden.

Beispiel

Maxie verkauft selbstgenähte Röcke, die aus Baumwolle, Leinen und etwas Seide bestehen und mit einigen Leder-Applikationen versehen sind. Der Baumwollanteil wiegt 300 Gramm, der Leinenanteil 80 Gramm, der Seidenanteil 20 Gramm, die Leder-Applikationen wiegen 40 Gramm.

Maxie müsste ihre Röcke im DaWanda-Shop und auf dem Etikett oder Aufnäher also wie folgt kennzeichnen:

75 % Baumwolle
20 % Leinen
5 % Seide
Enthält nichttextile Teile
tierischen Ursprungs.

Rechtsnormen

Verordnung (EU) Nr. 1007/2011
vom 27. 9. 2011

Download der Verordnung mit Anhängen:
http://bit.ly/ugbOhz

Anhänge der EU-Textilkennzeichnungsverordnung

Anhang I: Zulässige Textilbezeichnungen

1. „Wolle": Faser vom Fell des Schafes (Ovis aries) oder ein Gemisch aus Faser von der Schafschur und aus Haaren der unter Nummer 2 genannten Tiere

2. „Alpaka", „Lama", „Kamel", „Kaschmir", „Mohair", „Angora(-Kanin)", „Vikunja", „Yak", „Guanako", „Kaschgora", „Biber", „Fischotter" mit oder ohne zusätzliche Bezeichnung „Wolle" oder „Tierhaar": Haare nachstehender Tiere: Alpaka, Lama, Kamel, Kaschmirziege, Angoraziege, Angorakaninchen, Vikunja, Yak, Guanako, Kaschgoraziege, Biber, Fischotter

3. „Tierhaar" mit oder ohne Angabe der Tiergattung (z.B. „Rinderhaar", „Hausziegenhaar", „Roßhaar"): Haare von verschiedenen Tieren, soweit diese nicht unter den Nummern 1 und 2 genannt sind

4. „Seide": Faser, die ausschließlich aus Kokons seidenspinnender Insekten gewonnen werden

5. „Baumwolle": Faser aus den Samen der Baumwollpflanze (Gossypium)

6. „Kapok": Faser aus dem Fruchtinneren des Kapok (Ceiba pentandra)

7. „Flachs" bzw. „Leinen": Bastfaser aus den Stengeln des Flachses (Linum usitatissimum)

8. „Hanf": Bastfaser aus den Stengeln des Hanfes (Cannabis sativa)

9. „Jute": Bastfaser aus den Stengeln des Corchorus olitorius und Corchorus capsularis. Im Sinne d. Verordnung sind der Jute gleichgestellt: Faser aus Hibiscus cannabinus, Hibiscus sabdariffa, Abutilon avicenniae, Urena lobata, Urena sinuata

10. „Manila": Faser aus den Blattscheiden der Musa textilis

11. „Alfa": Faser aus den Blättern der Stipa tenacissima

12. „Kokos": Faser aus der Frucht der Cocos nucifera

13. „Ginster": Bastfaser aus den Stengeln des Cytisus scoparius und/oder des Spartium junceum

14. „Ramie": Faser aus dem Bast der Boehmeria nivea und der Boehmeria tenacissima

15. „Sisal": Faser aus den Blättern der Agave sisalana

16. „Sunn": Faser aus dem Bast der Crotalaria juncea

17. „Henequen": Faser aus dem Bast der Agave Fourcroydes

18. „Maguey": Faser aus dem Bast der Agave Cantala

19. „Acetat": Faser aus Zellulose-Acetat mit weniger als 92%, jedoch mindestens 74% acetylierter Hydroxylgruppen

20. „Alginat": Faser aus den Metallsalzen der Alginsäure

21. „Cupro": regenerierte Zellulosefaser nach dem Kupfer-Ammoniak-Verfahren

22. „Modal": nach einem geänderten Viskoseverfahren hergestellte regenerierte Zellulosefaser mit hoher Reißkraft und hohem Modul in feuchtem Zustand. (...)

23. „Regenerierte Proteinfaser": Faser aus regeneriertem und durch chemische Agenzien stabilisiertem Eiweiß

24. „Triacetat": aus Zellulose-Acetat hergestellte Faser, bei denen mindestens 92% der Hydroxylgruppen acetyliert sind

25. „Viskose": bei Endlosfaser und Spinnfaser nach dem Viskoseverfahren hergestellte regenerierte Zellulosefaser

26. „Polyacryl": Faser aus linearen Makromolekülen, deren Kette aus mindestens 85 Gewichtsprozent Acrylnitril aufgebaut wird

27. „Polychlorid": Faser aus linearen Makromolekülen, deren Kette aus mehr als 50 Gewichtsprozent chloriertem Olefin (z.B. Vinylchlorid, Vinylidenchlorid) aufgebaut wird

28. „Fluorfaser": Faser aus linearen Makromolekülen, die aus aliphat. Fluor-Kohlenstoff-Monomeren gewonnen werden

29. „Modacryl": Faser aus linearen Makromolekülen, deren Kette aus mehr als 50 und weniger als 85 Gewichtsprozent Acrylnitril aufgebaut wird

30. „Polyamid" oder „Nylon": Faser aus synthetischen linearen Makromolekülen, dern Kette sich wiederholende Amidbindungen aufweist, von denen mindestens 85% an lineare aliphatische oder zykloaliphatische Einheiten gebunden sind

31. „Aramid": Faser aus linearen synthetischen Makromolekülen mit aromatischen Gruppen, deren Kette aus Amid- oder Imidbindungen besteht, von denen mindestens 85% direkt an zwei aromatische Kerne gebunden sind und deren Imidbindungen, wenn vorhanden, die Anzahl der Amidbindungen nicht übersteigen dürfen

32. „Polyimid": Faser aus synthetischen linearen Makromolekülen, deren Kette sich wiederholende Imideinheiten aufweist

33. „Lyocell": durch Auflösungs- und Spinnverfahren in organischem Lösungsmittel hergestellte regenerierte Zellulosefasern ohne Bildung von Derivaten

34. „Polylactid": Faser aus linearen Makromolekülen, deren Kette zu mindestens 85 Masseprozent aus Milchsäureestereinheiten besteht, die aus natürlich vorkommenden Zuckern gewonnen werden, und deren Schmelzpunkt bei mindestens 135 °C liegt

35. „Polyester": Faser aus linearen Makromolekülen, deren Kette zu mindestens 85 Gewichtsprozent aus dem Ester eines Diols mit Terephtalsäure besteht

36. „Polyethylen": Faser aus gesättigten linearen Makromolekülen nicht substituierter aliphatischer Kohlenwasserstoffe

37. „Polypropylen": Faser aus linearen gesättigten aliphatischen Kohlenwasserstoffen, in denen jeder zweite Kohlenstoff eine Methylgruppe in isotaktischer Anordnung trägt, ohne weitere Substitution

38. „Polyharnstoff": Faser aus linearen Makromolekülen, deren Kette eine Wiederkehr der funktionellen Harnstoffgruppe (NH-CO-NH) aufweist

39. „Polyurethan": Faser aus linearen Makromolekülen, deren Kette eine Wiederkehr d. funkt. Urethangruppen aufweist

40. „Vinylal": Faser aus linearen Makromolekülen, deren Kette aus Polyvinylalkohol mit variablem Acetalisierungsgrad aufgebaut wird

41. „Trivinyl": Faser aus drei verschiedenen Vinylmonomeren, die sich aus Acrylnitril, aus einem chlorierten Vinylmonomer und aus einem dritten Vinylmonomer zusammensetzen, von denen keines 50% der Gewichtsanteile ausweist

42. „Elastodien" für elastische Faser, die aus natürl. od. synth. Polyisopren bestehen, entweder aus einem od. mehreren polymerisierten Dienen, mit od. ohne einem oder mehreren Vinylmonomeren, und die, unter Einwirkung einer Zugkraft um die dreifache ursprüngliche Länge gedehnt, nach Entlastung sofort wieder nahezu in ihre Ausgangslage zurückkehren

43. „Elasthan" für elastische Faser, die aus mindestens 85 Gewichtsprozent von segmentiertem Polyurethan bestehen, und die, unter Einwirkung einer Zugkraft um die dreifache ursprüngliche Länge gedehnt, nach Entlastung sofort wieder nahezu in ihre Ausgangslage zurückkehren

44. „Glasfaser": Faser aus Glas

45. „Elastomultiester": Faser, die durch die Interaktion von zwei oder mehr chemisch verschiedenen linearen Makromolekülen in zwei oder mehr verschiedenen Phasen entstehen (von denen keine 85 Gewichtsprozent übersteigt), die als wichtigste funktionale Einheit Estergruppen enthält (zu mindestens 85%) und die nach geeigneter Behandlung nach einer Dehnung um die anderthalbfache ursprüngliche Länge sofort wieder nahezu in ihre Ausgangslage zurückkehrt, wenn sie entlastet wird.

46. „Elastolefin": Faser aus mindestens 95 Gewichtsprozent Makromolekülen, zum Teil quervernetzt, zusammengesetzt aus Ethylen und wenigstens einem anderen Olefin, und die, unter Einwirkung einer Zugkraft um die anderthalbfache ursprüngliche Länge gedehnt, nach Entlastung sofort wieder nahezu in ihre Ausgangslage zurückkehren.

47. „Melamin": Faser, die zu mind. 85 Massenprozent aus vernetzten Makromolekülen aus Melaminderivaten bestehen

48. Bezeichnung entsprechend dem Stoff, aus dem sich die Fasern zusammensetzen, z.B. Metall (metallisch, metallisiert), Asbest, Papier mit oder ohne Zusatz „Faser" oder „Garn": Fasern aus verschiedenen oder neuartigen Stoffen, die vorstehend nicht aufgeführt sind.

Anhang V:

Textilerzeugnisse, für die <u>keine</u> Etikettierung oder Kennzeichnung vorgeschrieben ist

1. Hemdsärmelhalter
2. Armbänder für Uhren, aus Spinnstoffen
3. Etiketten und Abzeichen
4. Polstergriffe aus Spinnstoffen
5. Kaffeewärmer | 6. Teewärmer
7. Schutzärmel
8. Muffe, nicht aus Plüsch
9. Künstliche Blumen
10. Nadelkissen
11. Bemalte Leinwand
12. Textilerzeugnisse für Verstärkungen und Versteifungen
13. Gebrauchte, konfektionierte Textilerzeugnisse, sofern sie ausdrücklich als solche bezeichnet sind
14. Gamaschen
15. Verpackungsmaterial, nicht neu und als solches verkauft
16. Täschner- und Sattlerwaren, aus Spinnstoffen
17. Reiseartikel, aus Spinnstoffen
18. Fertige oder noch fertigzustellende handgestickte Tapisserien (...)
19. Reißverschlüsse
20. Mit Textilien überzogene Knöpfe und Schnallen
21. Buchhüllen aus Spinnstoffen
22. Spielzeug
23. Textile Teile von Schuhwaren
24. Deckchen aus mehreren Bestandteilen mit einer Oberfläche von weniger als 500 cm^2
25. Topflappen und Topfhandschuhe
26. Eierwärmer
27. Kosmetiktäschchen
28. Tabakbeutel aus Gewebe
29. Futterale bzw. Etuis für Brillen, Zigaretten und Zigarren, Feuerzeuge und Kämme, aus Gewebe
30. Hüllen für Mobiltelefone und tragbare Medienabspielgeräte mit einer Oberfläche von höchstens 160 cm^2
31. Schutzartikel für Sport, außer Handschuhen
32. Toilettenbeutel
33. Schuhputzbeutel
34. Bestattungsartikel
35. Einwegartikel, ausgenommen Watte
36. Den europäischen Arzneimittelvorschriften unterliegende Textilerzeugnisse (...)
37. Textilerzeugnisse einschließlich Seile, Taue und Bindfäden, vorbehaltlich der Nummer 12 der Anlage 4, die normalerweise bestimmt sind
a) zur Verwendung als Werkzeug bei der Herstellung und der Verarbeitung von Gütern,
b) zum Einbau in Maschinen, Anlagen (Heizung, Klimatisierung, Beleuchtung usw.), (...)
38. Textilerzeugnisse für Schutz und Sicherheit, wie z.B. Sicherheitsgurte, Fallschirme, Schwimmwesten, (...)
39. Ballonhallen (Sport-, Ausstellungs-, Lagerhallen) (...)
40. Segel
41. Textilwaren für Tiere
43. Fahnen und Banner

Anhang VI:

Textilerzeugnisse, für die eine <u>globale</u> Kennzeichnung genügt

1. Scheuertücher
2. Putztücher
3. Bordüren und Besatz
4. Borten
5. Gürtel
6. Hosenträger
7. Strumpf- und Sockenhalter
8. Schnürsenkel
9. Bänder
10. Gummielastische Bänder
11. Verpackungsmaterial, neu und als solches verkauft
12. Schnüre für Verpackungen und landwirtschaftliche Zwecke; Schnüre, Seile u. Taue, die nicht unter Anhang V Nr. 37 fallen
13. Deckchen
14. Taschentücher und Ziertaschentücher
15. Haarnetze
16. Krawatten und Fliegen für Kinder
17. Lätzchen, Seiflappen und Waschhandschuhe
18. Nähgarne, Stopfgarne und Stickgarne in kleinen Verkaufseinheiten bis zu einem Nettogewicht von max. 1 Gramm
19. Gurte für Vorhänge und Jalousien.

Besonderheiten für Kinderspielzeug

Beim Verkauf von Spielzeug geht es immer auch um die Sicherheit und Gesundheit der Kinder. Deshalb hat sich die Europäische Union dieses Themas besonders angenommen und einheitliche Regelungen geschaffen, die für Hersteller und Händler in der gesamten EU gelten – also auch für DaWanda-Verkäufer.

Die umfangreichen Vorgaben für den Verkauf von Kinderspielzeug sind in der jüngeren Zeit noch erweitert worden. Die EU hat unter anderem die Richtlinie 2009/48/EG erlassen, die seit Juli 2011 Herstellern und Händlern EU-weit grundlegende Pflichten auferlegt. In Deutschland sind die neuen Vorgaben der EU weitestgehend durch die Zweite Verordnung zum Geräte- und Produktsicherheitsgesetz (Verordnung über die Sicherheit von Spielzeug – 2. GPSGV) umgesetzt worden.

Spielzeug im Sinne der Verordnung sind „alle Produkte, die ausschließlich oder nicht ausschließlich dazu bestimmt oder gestaltet sind, von Personen unter 14 Jahren zum Spielen verwendet zu werden" (§ 2 Nr. 24a der 2. GPSGV). Allerdings gelten einige Produkte, die typischerweise von Kindern verwendet werden, nicht als Spielzeug, z.B. Materialien für den Schulunterricht, bestimmte Sportgeräte (etwa Rollschuhe) und elektronische Spielekonsolen (Einzelheiten hierzu finden sich in Anhang I zur Richtlinie 2009/48/EG). Für diese Produkte gelten Sonderregelungen.

Allgemeine Sicherheitsanforderungen

Bevor ein Spielzeug auf den Markt gebracht wird, muss sichergestellt sein, dass es

- den gesetzlich vorgegebenen Sicherheitsanforderungen entspricht,

- mit dem notwendigen CE-Kennzeichen versehen ist und das Spielzeug so sicher ist, dass es diese Kennzeichnung auch tragen darf,

- mit eventuell notwendigen Gebrauchshinweisen und Sicherheitsinformationen (insbesondere Warnhinweisen) ausgeliefert wird,

- mit einer Typen-, Chargen-, Modell- oder Seriennummer oder mit einem vergleichbaren Kennzeichen versehen ist und

- Namen, Marke und Kontaktinformationen (Anschrift, Telefon etc.) des Herstellers trägt.

Wichtig zu wissen ist auch, dass ein Verkäufer z.B. dann als Hersteller des Spielzeuges gilt, wenn er es zwar gar nicht selbst hergestellt hat, aber unter seinem eigenen Namen oder seiner eigenen Marke verkauft. Der Verkäufer kann die Verantwortung für etwaige Produktmängel dann nicht mehr auf den Hersteller abschieben.

Der Hersteller von Spielzeug muss sicherstellen, dass alle Anforderungen an die Sicherheit des Kinderspielzeugs beachtet wurden. Solche Anforderungen ergeben sich unter anderem aus dem

Anhang II der Richtlinie 2009/48/EG. Bezüglich der chemischen Eigenschaften von Spielzeug sind bis 19. 7. 2013 noch die bisher geltenden Anforderungen des Anhangs II Teil II Nummer 3 der alten (Spielzeug-)Richtlinie 88/378/EWG anzuwenden.

Der Hersteller muss in einer Konformitätserklärung erklären, dass alle Sicherheitsanforderungen erfüllt sind (Anhang III der Richtlinie 2009/48/EG enthält hierfür ein Muster). Der Hersteller muss zudem die erforderlichen technischen Unterlagen vorhalten (eine Liste enthält Anhang IV der Richtlinie 2009/48/EG).

CE-Kennzeichnung

Spielzeuge müssen mit einem CE-Kennzeichen (CE = Communauté Européenne / Europäische Gemeinschaft) versehen sein.

Die CE-Kennzeichnung ist deutlich sichtbar, lesbar und dauerhaft auf dem Spielzeug anzubringen. Wenn sich das Spielzeug für einen direkten Aufdruck nicht eignet, kann das CE-Zeichen auch auf einem Etikett oder der Verpackung angebracht werden.

Die CE-Kennzeichnung ist kein Gütesiegel. Durch das Anbringen des CE-Kennzeichens gibt der Hersteller nur an, dass er die Verantwortung dafür übernimmt, dass sein Produkt allen (europa-) rechtlichen Vorgaben entspricht. Die CE-Kennzeichnung wird also nicht von einer staatlichen Stelle oder vom Händler, sondern immer vom Hersteller selbst angebracht.

Die Mindesthöhe für die CE-Kennzeichnung beträgt 5 mm. Nur bei sehr kleinen Produkten darf davon abgewichen werden. Die Proportionen der CE-Kennzeichnung müssen exakt eingehalten sein, auch wenn das CE-Kennzeichen verkleinert wird.

Gebrauchsanweisung und Warnhinweise

In vielen Fällen sind dem Spielzeug eine Gebrauchsanweisung und vor allem notwendige Warnhinweise in deutscher Sprache beizufügen.

Die Warnhinweise müssen deutlich sichtbar, leicht lesbar und verständlich auf dem Spielzeug selbst, einem fest verbundenen Etikett oder auf der Verpackung angebracht sein. Die Warnhinweise müssen immer mit dem Wort „Achtung!" beginnen.

Für die Frage, welche Warnhinweise das Spielzeug tragen muss, unterscheidet das Gesetz nach allgemeinen und besonderen Warnhinweisen:

Soweit das Spielzeug nur für einen eingeschränkten Benutzerkreis gedacht ist, muss wenigstens das Mindest- oder Höchstalter des Benutzers angegeben werden. Eventuell ist auch auf erforderliche Fähigkeiten des Benutzers sowie das Höchst- oder Mindestgewicht des Benutzers hinzuweisen sowie darauf, dass das Spielzeug ausschließlich unter Aufsicht von Erwachsenen genutzt werden darf. Beispiel:

> *Achtung!*
> **Nicht für Kinder unter sechs Jahren geeignet. Das Spielzeug darf ausschließlich unter der Aufsicht von Erwachsenen benutzt werden.**

Das bedeutet nicht, dass alle Spielzeuge einen Hinweis auf das Alter des Benutzers tragen müssen. Diese Einschränkungen müssen nur dann angegeben werden, wenn die sichere Benutzung des Spielzeugs nur ab oder bis zu einem bestimmten Alter möglich ist.

Eine Liste der Spielzeuge, die auf jeden Fall mit Warnhinweisen und Gebrauchsanweisungen zu versehen sind, ist im Anhang V der Richtline 2009/48/EG zu finden.

Als Beispiel aus diesem Anhang V seien die Spielzeuge erwähnt, die für Kinder unter 36 Monaten gefährlich werden können. Diese Spielzeuge müssen entweder den Warnhinweis

> *Achtung!*
> **Nicht für Kinder unter 36 Monaten geeignet.**

oder das hier abgebildete Verbotszeichen tragen.

Noch weiter gehen die Anforderungen an „funktionelles Spielzeug", also Spielzeug, das als Kindermodell die gleichen Funktionen aufweist wie das „Erwachsenen-Modell" (z.B. ein maßstabs- und materialgetreuer Kinderhammer). Hier muss das Spielzeug zum einen den Warnhinweis

> *Achtung!*
> **Benutzung nur unter unmittelbarer Aufsicht von Erwachsenen.**

tragen. Zum anderen muss eine Gebrauchsanleitung beiliegen, die Vorsichtsmaßnahmen für eine sichere Verwendung enthält sowie den Hinweis, dass das Spielzeug von Kindern unter einem bestimmten Alter fernzuhalten ist. Das Alter legt der Hersteller nach eigener Einschätzung fest.

Als ein weiteres Beispiel seien Spielzeuge genannt, die dazu bestimmt sind, „mittels Schnüren, Bändern, elastischen Bändern oder Gurten an Wiegen, Kinderbetten oder Kinderwagen befestigt" zu werden. Sie müssen mit folgendem Warnhinweis versehen werden:

> **Achtung! Um mögliche Verletzungen durch Verheddern zu verhindern, ist dieses Spielzeug zu entfernen, wenn das Kind beginnt, auf allen vieren zu krabbeln.**

Zusätzlich zu den weiteren Warnhinweisen aus Anhang V der Richtlinie hat die EU entschieden, dass alle Spielwaren, die einen oder mehrere Magneten enthalten und bei denen die Möglichkeit besteht, den Magneten vom Spielzeug zu lösen und zu verschlucken, einen deutlichen Warnhinweis tragen müssen:

> **Achtung!**
> *Dieses Spielzeug enthält Magneten oder magnetische Bestandteile. Magnete, die im menschlichen Körper einander oder einen metallischen Gegenstand anziehen, können schwere oder tödliche Verletzungen verursachen. Ziehen Sie sofort einen Arzt zu Rate, wenn Magnete verschluckt oder eingeatmet wurden.*

Die oben beschriebenen Warnhinweise sind nicht die einzigen, die in Frage kommen. Welche Warnhinweise vorgeschrieben oder zumindest sinnvoll sind, hängt vom konkreten Spielzeug, dessen Materialien, Größe, Funktionen und Verwendungsmöglichkeiten ab. Die EU hat für Spielzeug ein eigenes Informationsportal eingerichtet, wo Hersteller auch Leitlinien für einzelne Produktarten finden: http://ec.europa.eu/enterprise/sectors/toys/index_de.htm

Beispiel für die Kennzeichnung eines für alle Kinder geeigneten Spielzeugs
(hier: Textil-Kartoffel von HABA)

Textilkennzeichnung,
Artikelnummer,
Pflegehinweise und
CE-Zeichen auf
angenähtem Etikett

Rückseite des Etiketts:

Herstellerkennzeichnung mit
vollständiger Firmierung,
Anschrift und Internetadresse,
eingeprägte Seriennummer

Warnhinweise in die Produktbeschreibung aufnehmen

Für die Kaufentscheidung maßgebliche Warnhinweise, wie etwa Angaben zum Mindest- und Höchstalter des Benutzers (allgemeine Warnhinweise), sowie die besonderen Warnhinweise gemäß Anhang V der Spielzeugrichtlinie, sind auf der Verpackung anzugeben oder müssen in anderer Form für den Verbraucher vor dem Kauf klar erkennbar sein (§ 11 Abs. 4 der 2. GPSGV). Für DaWanda-Verkäufer heißt das, dass sämtliche Warnhinweise schon in der Online-Artikelbeschreibung aufgeführt werden müssen.

Spielzeug-Kennung

Das Spielzeug muss über eine Kennnummer identifizierbar sein. Diese ist auf dem Spielzeug selber oder – wenn dies wegen technischer oder wirtschaftlicher Bedingungen nicht möglich ist – auf der Verpackung oder den beigefügten Unterlagen anzubringen. Die Nummer ist damit eine vom Hersteller vergebene Artikelnummer. Die Spielzeugrichtlinie lässt dem Hersteller bei der Gestaltung der Nummer große Freiheit; das Spielzeug muss sich nur eindeutig anhand der Nummer identifizieren lassen.

Zudem muss der Hersteller seinen vollständigen Namen bzw. seine Firma zusammen mit der Anschrift entweder auf dem Spielzeug selbst oder, wenn dies nicht möglich ist, auf der Verpackung oder in den dem Spielzeug beigefügten Unterlagen angeben.

Rechtsnormen

§§ 4-6 Geräte- und Produktsicherheitsgesetz (GPSG),
Zweite Verordnung zum Geräte- und
Produktsicherheitsgesetz (Verordnung über die
Sicherheit von Spielzeug - 2. GPSGV),
EU-Richtlinie 2009/48/EG (Spielzeug-Richtlinie),
EU-Richtlinie 88/378/EWG,
Magnetspielzeug-Entscheidung 2008/329/EG

Weiterführende Informationen

Die EU-Kommission hat zur Spielzeug-Richtlinie
ein erläuterndes Handbuch veröffentlicht, siehe
ec.europa.eu/enterprise/sectors/toys

ANHANG I zur EU-Richtlinie 2009/48 EG (Spielzeug-Richtlinie):
Liste von Produkten, die im Sinne der Richtlinie <u>nicht</u> als Spielzeug gelten

1. Dekorative Gegenstände für festliche Anlässe und Feierlichkeiten;

2. Produkte für Sammler, sofern auf dem Produkt oder seiner Verpackung ein sichtbarer und leserlicher Hinweis angebracht ist, wonach das Produkt für Sammler, die mindestens 14 Jahre alt sind, bestimmt ist. Zu dieser Kategorie gehören

a) original- und maßstabsgetreue Kleinmodelle,
b) Bausätze von original- und maßstabsgetreuen Kleinmodellen,
c) Folklore- und Dekorationspuppen u. ähnliche Artikel,
d) Nachbildungen von historischem Spielzeug und
e) Nachahmungen echter Schusswaffen.

3. Sportgeräte inkl. Rollschuhe, Inlineskates und Skateboards für Kinder mit einem Körpergewicht über 20 kg

4. Fahrräder mit einer maximalen Sattelhöhe von mehr als 435 mm, gemessen als vertikaler Abstand vom Boden bis hin zum oberen Teil der Sitzfläche, mit dem Sitz in horizontaler Position und mit dem Sitzkissen in seiner kleinsten Einraststellung

5. Roller und andere Fortbewegungsmittel, die als Sportgeräte konzipiert sind oder die für die Fortbewegung auf öffentlichen Straßen oder öffentlichen Wegen bestimmt sind

6. elektrisch betriebene Fahrzeuge, die zur Fortbewegung auf öffentlichen Straßen und Wegen oder auf den öffentlichen Gehsteigen bestimmt sind

7. Wassersportgeräte zur Verwendung in tiefem Wasser und Schwimmlernmittel für Kinder, wie Schwimmsitze und Schwimmhilfen

8. Puzzlespiele mit mehr als 500 Teilen

9. mit Druckgas betriebene Gewehre und Pistolen mit Ausnahme von Wassergewehren und -pistolen sowie Bogen zum Bogenschießen, die über 120 cm lang sind

10. Feuerwerkskörper einschließlich Amorces, die nicht speziell für Spielzeug bestimmt sind

11. Produkte und Spiele mit spitz zulaufenden Wurfgeschossen, wie Pfeilspiele, bei denen Pfeile mit Metallspitzen verwendet werden

12. funktionelle Lernprodukte, wie Kochherde, Bügeleisen und andere funktionelle Produkte, die mit einer Nennspannung von mehr als 24 Volt betrieben und ausschließlich für didaktische Zwecke zur Verwendung unter Aufsicht eines Erwachsenen verkauft werden

13. Produkte, die für den Unterricht an Schulen und für sonstige Ausbildungssituationen unter der Aufsicht eines erwachsenen Ausbildners bestimmt sind, wie wissenschaftliche Geräte

14. elektronische Geräte wie Personalcomputer und Spielkonsolen zum Zugriff auf interaktive Software und angeschlossene Peripheriegeräte, sofern die elektronischen Geräte oder die angeschlossenen Peripheriegeräte nicht speziell für Kinder konzipiert und für diese bestimmt sind, wie speziell konzipierte Personalcomputer, Tastaturen, Joysticks oder Lenkräder

15. interaktive Software für Freizeit und Unterhaltung wie Computerspiele u. ihre Speichermedien (etwa CDs)

16. Schnuller für Säuglinge

17. Leuchten, die von Kindern für Spielzeug gehalten werden können

18. elektrische Transformatoren für Spielzeug

19. Mode-Accessoires für Kinder, die nicht als Spielzeug gedacht sind

Elektrogeräte und Batterien

Wenn Sie Elektro- oder Elektronikgeräte herstellen und verkaufen, können für Sie die Regelungen und Pflichten des „Gesetzes über das Inverkehrbringen, die Rücknahme und die umweltverträgliche Entsorgung von Elektro- und Elektronikgeräten" (ElektroG) gelten. Ob das Gesetz für Sie gilt, hängt zum einen von der Frage ab, ob Sie als „Hersteller" im Sinne des Gesetzes gelten, zum anderen davon, ob die Produktart dem ElektroG unterfällt.

Hersteller eines Elektro- oder Elektronikgerätes ist nach § 3 Abs. 11 ElektroG zunächst derjenige, der ein solches Produkt gewerbsmäßig unter seinem Markennamen herstellt und in Deutschland vertreibt. Als Hersteller gilt nach dem ElektroG aber auch ein Händler, der Elektro- oder Elektronikgeräte aus dem Ausland einführt und sie an Käufer in Deutschland oder einem anderen EU-Land liefert, unabhängig von einer etwaigen Weiterverarbeitung zwischen Import und Verkauf an den Endkunden.

Jeder, der danach als Hersteller gilt, muss sein Unternehmen registrieren lassen (§ 16 Abs. 2 ElektroG). Zuständig ist hierfür die Stiftung Elektro-Altgeräteentsorgung im Auftrag des Umweltbundesamtes. Nach der Registrierung erhält der Hersteller eine Registrierungsnummer, die auf allen Geschäftsbriefen anzugeben ist. Die Registrierung als Hersteller ist online möglich unter *www.stiftung-ear.de.*

Betroffene Geräte

§ 2 Abs. 1 ElektroG führt auf, auf welche Geräte das Gesetz anzuwenden ist:

- Haushaltsgroßgeräte und Haushaltskleingeräte
- Geräte der Informations- und Telekommunikationstechnik, Unterhaltungselektronik
- Beleuchtungskörper
- Elektrische und elektronische Werkzeuge (ohne industrielle Großwerkzeuge)
- Spielzeug sowie Sport- und Freizeitgeräte
- Medizinprodukte mit Ausnahme implantierter und infektiöser Produkte
- Überwachungs- und Kontrollinstrumente
- Automatische Ausgabegeräte

Das ElektroG enthält einen Anhang I, in dem die Geräte näher definiert werden.

Rücknahme- und Kennzeichnungspflichten

Die wichtigste Pflicht des Herstellers ist die Rücknahmepflicht: Die in Verkehr gebrachten Geräte muss der Hersteller kostenlos zurücknehmen und umweltgerecht entsorgen, wenn der Käufer sie nicht mehr verwenden möchte. Um zu zeigen, dass er dieser Verpflichtung auch wirklich gewachsen ist, muss der Hersteller gegenüber der Registrierungsbehörde eine insolvenzsichere Garantie für die Finanzierung der Rücknahme und Entsorgung nachweisen.

Der Hersteller unterliegt daneben einer Kennzeichnungspflicht: Alle Geräte, die in privaten Haushalten genutzt werden können, sind mit dem Symbol der durchgestrichenen Mülltonne zu kennzeichnen. Das Symbol weist den Käufer darauf hin, dass er das Gerät nicht mit dem Hausmüll entsorgen darf, sondern nur über den Hersteller oder eine Altgeräte-Sammelstelle (z.B. über einen Recyclinghof der Stadtwerke).

Außerdem sind die Geräte so zu kennzeichnen, dass der Hersteller dauerhaft eindeutig zu identifizieren ist. Dies entspricht der Kennzeichnung, die auch das Produktsicherheitsgesetz vorsieht (siehe Abschnitt zum Produktsicherheitsgesetz). Außerdem muss der Hersteller kenntlich machen, dass das Elektrogerät nach dem 13. 8. 2005 in Verkehr gebracht wurde (§ 7 ElektroG) und daher unter die Rücknahme- und Entsorgungspflicht fällt. Die Kennzeichnung erfolgt durch das Herstellungsdatum oder das Symbol der durchgestrichenen Tonne mit unterlegtem fetten Balken (WEEE-Logo nach DIN EN 50419).

Ergänzende Regelungen des Batteriegesetzes

Wenn Produkte mit Batteriebetrieb verkauft werden, sind zusätzlich die Regelungen des Batteriegesetzes zu beachten. Das gilt für alle Produkte, in denen Batterien fest eingebaut oder auswechselbar eingesetzt sind oder denen Batterien bei der Lieferung beigelegt sind. Als Batterien im Sinne des Gesetzes gelten auch wieder aufladbare Akkus. Das Batteriegesetz enthält Pflichten für Hersteller, Importeure und Händler von Batterien.

Das Risiko eines Verstoßes gegen das Batteriegesetz vermeidet man am einfachsten, indem man das (batteriebetriebene) Produkt ohne eingebaute oder beiliegende Batterien verkauft. Denn auf solche Verkäufe ist das Batteriegesetz nicht anwendbar.

Will man jedoch ein batteriebetriebenes Produkt gebrauchsfertig verkaufen und liefert die Batterien gleich mit, ist das Batteriegesetz zu beachten. Es enthält Kennzeichnungs- und Hinweispflichten. Am wichtigsten ist der Hinweis an den Verbraucher, dass er die Batterien nicht in den Hausmüll werfen darf. Hierfür gibt es das Symbol der durchgestrichenen Mülltonne (wie oben, jedoch ohne schwarzen Balken unter der Tonne). Dieses Symbol muss auf der Batterie angebracht sein, und zwar zusammen mit einer Erläuterung des Symbols in Textform; ist die Batterie fest verbaut, gehört die Kennzeichnung auf das Produkt selbst.

Daneben muss der Käufer darüber informiert werden, dass er zur Rückgabe verbrauchter Batterien gesetzlich verpflichtet ist und dass der Verkäufer verpflichtet ist, verbrauchte Batterien anzunehmen und für den Kunden unentgeltlich zu entsorgen (§ 18 Batteriegesetz). Wir empfehlen Online-Verkäufern, diesen Hinweis bereits in der Produktbeschreibung unterzubringen, z.B. so: „Batterien dürfen nicht in den Hausmüll geworfen werden. Sie sind verpflichtet, die mitgelieferten Batterien nach Gebrauch zur umweltgerechten Entsorgung zurückzugeben. Der Verkäufer nimmt die Batterien unentgeltlich entgegen."

Aquarell-Grußkarte „Zwillinge", **Hersteller: TopfUndStrich**

URHEBERRECHT

Geschützte Werkarten

Entstehung des Urheberschutzes

Die Rechte des Urhebers

Zeitliche Grenzen

Welche Werke schützt das Urheberrecht?

Die Rechte des Urhebers sind geregelt im Urheberrechtsgesetz. Das Gesetz gewährt dem Urheber einer „persönlichen geistigen Schöpfung" (eines „Werks") rechtlichen Schutz vor unbefugter Benutzung seines Werkes durch Dritte. Das Urheberrechtsgesetz war in seiner ursprünglichen Form ausgerichtet auf den Schutz künstlerischer Werke. Inzwischen unterfallen aber auch modernere Werkarten wie Computerprogramme und Datenbankinhalte dem Anwendungsbereich des Gesetzes.

Das Urheberrechtsgesetz kennt folgende Werkarten:

- **Sprachwerke** (darunter z.B. Sachbücher, schöne Literatur, Gedichte, Zeitschriftenartikel, Reden, Werbetexte, Bedienungsanleitungen und Computerprogramme)

- **Lichtbildwerke** (z.B. Fotos, Filme, Videokunst)

- Werke der **bildenden Kunst,** der **Baukunst** und der **angewandten Kunst** (z.B. Zeichnungen, Drucke, Gemälde, Grafikdesign, Skulpturen, Gebäude; auch ausgefallene Kleidungsstücke, wenn sie Kunst- oder Skulpturcharakter haben)

- **Musik und Bühnenkunst,** Theaterstücke, Opern, Choreografien, Drehbücher

- **Darstellungen wissenschaftlicher oder technischer Art** (z.B. Zeichnungen, Pläne, Karten, Tabellen)

Um urheberrechtlichen Schutz zu erlangen, muss ein Werk ein gewisses Maß an Individualität und Originalität erreichen (die „Schöpfungshöhe"). Zum Beispiel sind ein einfaches Strichmännchen oder ein Smiley nicht individuell genug, um vom Urheberrecht geschützt zu werden. Für detailliertere Figuren – etwa den „Pumuckl" und den „Rosaroten Panther" – haben die Gerichte hingegen urheberrechtlichen Schutz zuerkannt.

Rein beschreibende Texte, die keine besondere Individualität und Originalität mitbringen, erreichen die notwendige Schöpfungshöhe in der Regel nicht (z.B. Zutatenlisten in Kochbüchern, Medikamenten-Beipackzettel, Vereinssatzungen). Dagegen kann ein aus wenigen Zeilen bestehendes Gedicht die nötige Schöpfungshöhe haben, wenn es sich zum Beispiel durch ein besonderes Wortspiel auszeichnet. Je nach Werkart variiert die erforderliche Schöpfungshöhe; sie ist immer eine Frage des Einzelfalls. Leider geben weder das Gesetz noch die Rechtsprechung hier eine klare Linie vor.

Wenn Sie ein Produkt entwickeln, so können zum Beispiel Fotos, Grafiken und Bilder urheberrechtlich geschützte Elemente Ihres Produktes sein (z.B. Motive auf Grußkarten oder T-Shirts).

Produktbeschreibungen können ebenfalls geschützt sein, allerdings müssen sie dafür deutlich über die rein beschreibenden Angaben (Produktart, Maße, Material etc.) hinausgehen und sich durch besondere Kreativität auszeichnen.

Bloße Geschäftsideen oder Konzepte, aus denen noch kein konkretes Werk geworden ist, fallen nicht unter den urheberrechtlichen Schutz. Auch Gestaltungstrends sind als solche nicht geschützt.

Wenn also ein Verkäufer z.B. Taschen mit Eulen-Motiv herstellt, wäre das allein noch kein Grund, anderen Verkäufern zu verbieten, ebenfalls Eulen als Motiv zu verwenden (jedenfalls solange jeder Verkäufer „eigene" Eulen gestaltet). Entsprechendes gilt für „trendige" Farb- oder Materialkombinationen: Allein aus solchen Gestaltungstrends lässt sich noch kein urheberrechtlicher Schutz ableiten.

Die Rechte des Urhebers

Der Urheber eines geschützten Werks hat einige „ausschließliche Rechte", das heißt Rechte, die ohne seine Erlaubnis keinem anderen an dem Werk zustehen.

Die wichtigsten ausschließlichen Rechte des Urhebers sind:

- **Veröffentlichungsrecht:** Das Recht zu bestimmen, wann das Werk erstmals in der Öffentlichkeit vorgestellt wird. Relevant zum Beispiel für Filme, die nicht vor der offiziellen Premiere gezeigt werden sollen.

- **Vervielfältigungsrecht:** Das Recht, Kopien des Werks herzustellen. Das gilt auch für digitale Kopien durch Downloads im Internet.

- **Verbreitungsrecht:** Das Recht, Kopien des Werks in Verkehr zu bringen, zum Beispiel durch Verkauf oder Verleih.

- **Öffentliche Zugänglichmachung:** Das Recht des Urhebers, zu bestimmen, ob und in welcher Form sein Werk im Internet (Webseiten, Shops, Facebook, Twitter, Tauschbörsen usw.) oder auf ähnlichen technischen Wegen der Allgemeinheit zugänglich gemacht wird.

- **Bearbeitungsrecht:** Das Recht, das Werk zu verändern, es zum Beispiel zu anderen Werken oder Produkten zu verarbeiten.

- **Urheberkennzeichnung:** Das Recht, als Urheber des Werks namentlich erkennbar zu sein, etwa durch Anbringung des Namens auf dem Werk (typisch ist z.B. die Unterschrift des Künstlers auf Gemälden; bei Pressefotos die Nennung des Fotografen unter dem Bild).

Die oben genannten Rechte hat also allein der Urheber. Wird das geschützte Werk durch einen anderen ohne Erlaubnis kopiert, kann der Urheber Unterlassung und Schadensersatz verlangen, daneben die Aushändigung und Vernichtung bereits hergestellter Kopien. Entsprechendes gilt für die Verbreitung im Internet und für die Veränderung („Bearbeitung") des Originals, wenn der Urheber hiermit nicht einverstanden ist.

Beginn und Ende des Urheberrechts

Das Urheberrecht entsteht unabhängig davon, ob das Werk in der Öffentlichkeit bekannt gemacht wird. Das Werk muss auch nicht bei einer öffentlichen Stelle eingetragen oder registriert werden (anders also als z.B. bei Marken, Geschmacksmustern oder Patenten).

Beton-Wanduhr mit Echtholzzeiger
Hersteller: wertwerke

Eine Sonderregelung gilt für Fotos: Neben den künstlerisch wertvollen Fotos, die als Werk geschützt werden, fallen auch Sachfotografien und „Schnappschüsse" ohne künstlerischen Anspruch in den Schutzbereich des Urheberrechtsgesetzes. Zu den Sachfotos gehören z.B. Produktfotos in Online-Shops und einfache Portraitfotos auf persönlichen Webseiten.

Der urheberrechtliche Schutz entsteht automatisch mit der Herstellung des Werkes. Eine Anmeldung oder Eintragung in ein Register ist nicht erforderlich. Die Anbringung des Copyright-Symbols © ist in Deutschland ebensowenig notwendig. Diese Übung stammt aus dem anglo-amerikanischen Rechtsraum, in dem die Anbringung dieses Symbols, ggf. zusammen mit einer Zeitangabe, teilweise Voraussetzung für den Werkschutz ist.

Hat man einmal ein Urheberrecht durch eigene Schöpfung erworben, kann man es nicht mehr verlieren: Urheber ist und bleibt man ein Leben lang. Allerdings kann man anderen Personen vertraglich gestatten, das Werk zu nutzen (sog. Nutzungs- oder Verwertungsrecht). So kann zum Beispiel ein Fotograf – als Urheber – einem Verlag das Verwertungsrecht für Fotos einräumen, um daraus Postkarten oder einen Bildband herzustellen und zu vertreiben.

Das Urheberrecht erlischt in der Regel 70 Jahre nach dem Tod des Urhebers. Danach darf jedermann das Werk des Urhebers frei verwerten. Zwischen dem Tod des Urhebers und dem Ablauf der 70-jährigen Schutzfrist stehen die Verwertungsrechte den Erben des Urhebers zu. Für Fotografien, deren Schöpfungshöhe kein Werkniveau erreicht, besteht eine kürzere Schutzfrist. Sie endet 50 Jahre nach Erstellung der Fotografie. Dies gilt in der Regel für alle Sachfotografien, die keinen künstlerischen, sondern eher dokumentarischen Charakter haben. Die Abgrenzung zwischen Kunst- und Sachfotografie ist jedoch nicht immer einfach.

Ergänzung des Urheberrechts durch andere Rechte

Viele Produkte fallen nicht unter den urheberrechtlichen Schutz, weil sie die vom Urheberrechtsgesetz vorausgesetzte Schöpfungshöhe nicht erreichen. Dies gilt vor allem für Gebrauchsgegenstände, deren Form im wesentlichen der Funktion folgt. Je gebräuchlicher die Funktion eines Gegenstandes ist, desto ausgefallener und künstlerischer muss seine Gestaltung sein, um urheberrechtlichen Schutz zu erreichen.

Für die meisten handwerklichen Produkte besteht daher kein urheberrechtlicher Schutz. Bei Bekleidung erfordert der urheberrechtliche Schutz ein ganz besonders ausgefallenes Design, das in der Regel nur Neuheiten auf Modeschauen erreichen. Über die Besonderheiten des Modedesigns finden Sie in diesem Buch ein gesondertes Kapitel.

Für Produkte, die die erforderliche Schöpfungshöhe nicht erreichen, können Sie aber auf ein anderes Schutzrecht zurückgreifen: das Geschmacksmusterrecht. Ein Geschmacksmuster schützt Form und Beschaffenheit eines Produktes vor Nachahmung, auch wenn kein besonderes künstlerisches Niveau damit verbunden ist. Man spricht hier auch von Designschutz. Der Schutz durch ein Geschmacksmuster kann auch gleichzeitig mit urheberrechtlichem Schutz bestehen.

Neben dem Urheberrecht spielt auch das Markenrecht eine wichtige Rolle. So unterfallen viele Firmenlogos wegen ihrer Einfachheit nicht dem Urheberrecht. Statt dessen können sie aber als Markenzeichen eingetragen sein.

Letztlich können missbräuchliche Kopien von Produkten, Logos oder Namen auch eine Verletzung des allgemeinen Wettbewerbsrechts darstellen. Näheres regelt das Gesetz gegen den unlauteren Wettbewerb (UWG).

Rechtsverteidigung durch Abmahnung und Klage

Notizbuch "Wer abmalt..."
Hersteller: books_and_paper

Wenn Sie feststellen, dass jemand Ihre Urheberrechte verletzt, sollten Sie sich zunächst direkt an den Verletzer wenden und ihn schriftlich zur Unterlassung seines Handelns auffordern. Diesen Vorgang nennt man Abmahnung. Für die Abmahnung sollten Sie Original und Kopie genau dokumentieren, am besten durch Fotografien oder – wenn es sich um Abbildungen auf einer Webseite handelt – durch Screenshots.

Doch Vorsicht: Durch eine unberechtigte Abmahnung können Sie sich selbst schadensersatzpflichtig machen. Da urheberrechtliche Streitigkeiten kompliziert sind, sollten Sie Ihre Rechtsposition also vorher genau prüfen. Ziehen Sie im Zweifel anwaltliche Hilfe hinzu. Wenn Sie im Recht sind, muss die Gegenseite Ihnen auch die Kosten Ihres Anwalts erstatten.

Sollte eine Abmahnung nicht zum gewünschten Erfolg führen, können Sie gerichtliche Hilfe in Anspruch nehmen und eine Klage auf Unterlassung und Schadensersatz erheben. Urheberrechtsverletzungen stellen zugleich strafbare Handlungen dar, die zu Geldstrafen und in schweren Fällen auch zu Haftstrafen führen können. Daher können auch Polizei und Staatsanwaltschaft bei Urheberrechtsverletzungen tätig werden.

Aufkleber „Masken", **Hersteller: mein-wohnzimmer**

EIGENTUMS- UND PERSÖNLICHKEITS-RECHTE

Sehenswürdigkeiten und Kunstwerke
als Motive für eigene Produkte

Graffiti und Street Art

Abbildung von Personen

Motive aus dem öffentlichen Raum

Sie entwerfen Kaffeebecher, die mit der Silhouette einer Stadt bedruckt sind? Kein Problem. Fotos vom Stadtbild, die Sie von öffentlich zugänglichen Wegen aus selbst machen, dürfen Sie auch zu kommerziellen Zwecken frei verwenden. Ob Kölner Dom, Hamburger Michel oder Brandenburger Tor: Gegen die Verarbeitung dieser Motive ist nichts einzuwenden.

Auch Kunstwerke, die urheberrechtlich geschützt sind, dürfen Sie abbilden und die Abbildungen verwerten, wenn sich die Kunst dauerhaft im öffentlichen Raum befindet. Rechtlich spricht man hier von der Panoramafreiheit oder Straßenbildfreiheit.

Das Verwertungsrecht gilt aber nur für „bleibende" Objekte. Dazu gehören z.B. fest installierte Skulpturen auf öffentlichen Plätzen und dauerhaft angebrachte Malereien an Hauswänden. Auch „Street Art" wie Graffiti oder an Wände geklebte Papierfiguren fallen unter die Straßenbildfreiheit. Nur vorübergehend aufgestellte oder dargestellte Kunst, etwa eine Wanderausstellung oder Szenen eines Straßentheaters, dürfen Sie hingegen nicht ohne Einwilligung der Urheber verwerten.

Wenn Sie ein Motiv aus dem öffentlichen Raum verwenden, sind Sie zugleich verpflichtet, den Urheber des abgebildeten Werks anzugeben. Nur dann, wenn Sie den Urheber nicht ermitteln können, entfällt die Kennzeichnungspflicht.

Verwendung von Street Art

Street Art Fotografie Berlin
Hersteller: StreetArtB

Vielen ist nicht bewusst, dass auch „Street Art" dem Urheberrecht unterliegt. Graffiti, aus Papier geklebte Figuren und sogar in Glasflächen gekratzte oder geätzte Motive können „Werke" im urheberrechtlichen Sinne sein. Es spielt dabei keine Rolle, ob der Street-Art-Künstler legal oder illegal gearbeitet hat und ob der Künstler anonym, unter Pseudonym oder bürgerlichem Namen auftritt.

Gleichwohl dürfen Street-Art Motive in bestimmten Fällen kostenfrei verwendet werden. Voraussetzung dafür ist, dass sich die Motive an öffentlichen Wegen, Straßen oder Plätzen befinden. Das Motiv muss also von einem frei zugänglichen Ort aus zu sehen sein. Verwendet werden darf das Motiv für „zweidimensionale" Vervielfältigungen mit Mitteln der Malerei und Graphik oder durch Lichtbild und Film. Typische Beispiele hierfür sind Postkarten, Bildbände und Souvenirartikel mit Motiven aus dem Straßenraum.

Doch auch in diesen Fällen gilt es, bestimmte Vorgaben des Urheberrechts zu beachten: Wird ein Street-Art-Motiv für ein Produkt verwendet, muss auf dem Produkt der Name oder das Pseudonym des Street-Art-Künstlers deutlich lesbar angegeben werden – auf einem T-Shirt direkt neben dem aufgedruckten Foto, in einem Bildband im Impressum oder im Abschnitt „Bildnachweis". Diese Pflicht entfällt jedoch, wenn der Name des Künstlers nicht bekannt ist.

Auch darf das verwendete Motiv nicht ohne weiteres verändert werden. Denn der Urheber hat das Recht, gegen „Entstellungen" seines Werkes vorzugehen. Unbedenklich sind aber Änderungen der Größe, solange die Proportionen erhalten bleiben.

Motive von oder auf privaten Grundstücken

Auf Privatgrundstücken entscheidet der Grundstückseigentümer über die Verwertung von dort angefertigten Aufnahmen. Fotos, die von dort aus gemacht werden, dürfen Sie nur mit der Einwilligung des Eigentümers oder Hausrechtsinhabers weiterverarbeiten. Zu solchen Privatgrundstücken können auch Sportstadien, Parks, Museen, Kirchen, Bahnhöfe, Flughäfen und Einkaufszentren gehören – auch wenn sie frei zugänglich sind. Ende 2010 entschied der Bundesgerichtshof, dass das Potsdamer Schloss Sanssouci und der zugehörige Park als ein solches Privatgelände anzusehen sind. Fotos von dort dürfen daher nur noch mit Erlaubnis der Eigentümerin (Stiftung Preußische Schlösser und Gärten) gewerblich verwendet werden.

Privat-Schild aus Holz
Hersteller: Kathrins-Ideen-aus-Holz

Privatgrundstücke dürfen Sie auch dann nicht abbilden, wenn Sie sich zwar selbst im öffentlichen Raum befinden, ein Bild vom Grundstück aber nur mit Hilfsmitteln aufnehmen können: In ein Gelände, das von einer hohen Mauer umgeben ist, dürfen Sie also z.B. nicht von einer Leiter aus hineinfotografieren.

Aber auch wenn Sie von der öffentlichen Straße aus ohne Sichthindernis in Nachbars Garten fotografieren können, sollten Sie sich mit einer kommerziellen Verwertung sehr zurückhalten: Solche Bilder greifen in die Privatsphäre der Bewohner ein und sind meist unzulässig. Das Hineinfotografieren in fremde Wohnungen kann sogar eine Straftat darstellen.

Abbildung von Personen und „Bildnisschutz"

Abraham Lincoln als T-Shirt-Motiv? Kein Problem. Aber Boris Beckers Portrait? Das sollten Sie besser nicht verwenden. Der Grund liegt in der Laufzeit des so genannten „Bildnisschutzes".

Wenn Sie Personen als Foto, Zeichnung oder in sonstiger Weise als Motiv für ein Produkt verwenden wollen, müssen Sie die Persönlichkeitsrechte des Abgebildeten beachten. Dies ist im Kunsturhebergesetz als „Bildnisschutz" bzw. „Recht am eigenen Bild" geregelt. Danach dürfen Sie das Bildnis – also jede erdenkliche Art der Darstellung einer Person – nur dann für die Herstellung von Produkten verwenden, wenn der Abgebildete zuvor eingewilligt hat.

Der Bildnisschutz gilt übrigens auch für Darstellungen, die gegenüber dem Original verändert wurden – wenn Sie etwa aus einem Profilfoto einen Schattenriss machen oder aus einem Porträt ein Pop-Art-Motiv. Ob der Schutzbereich des Rechts am eigenen Bild berührt ist, richtet sich danach, ob die abgebildete Person wiedererkennbar ist. Dabei reicht es bereits aus, wenn der engere Freundes- oder Familienkreis die Person auf der Abbildung wiedererkennen kann. Wo ein Portrait so stark verändert wurde, dass eine Identifizierung nicht mehr möglich ist, endet der Bildnisschutz.

Gesichtsklavier
Hersteller: DerBausatz

Pressepriveleg

Für Abbildungen von Demonstrationen und ähnlichen Veranstaltungen, bei denen viele Menschen zusammenkommen, gibt es eine Ausnahme vom Bildnisschutz – diese gilt aber nur für die journalistische Berichterstattung. Eine kommerzielle Verwendung solcher Motive ohne Zusammenhang mit einem aktuellen Informationsinteresse setzt die Einwilligung aller Abgebildeten voraus.

Dauer des Bildnisschutzes

Der Bildnisschutz gilt zu Lebzeiten der Person und bis zum Ablauf von 10 Jahren über den Tod hinaus. Während der 10-Jahres-Frist ist die Zustimmung bei den Angehörigen des Verstorbenen einzuholen. Sind 10 Jahre seit dem Tod einer Person vergangen, bedarf es keiner Zustimmung mehr. Dann dürfen Sie das Motiv verwenden. Allerdings gibt es auch hier Grenzen: Das Ansehen des Verstorbenen darf durch die Darstellung nicht erheblich verletzt werden.

Parallel geltendes Urheberrecht

Wenn Sie für Ihr Produkt eine fremde Bildvorlage verwenden, müssen Sie zugleich das Urheberrecht für die Vorlage beachten. Wenn Sie etwa ein Portraitfoto auf ein T-Shirt drucken wollen, müssen Sie hierzu nicht nur die Einwilligung des Abgebildeten (bzw. seiner Erben), sondern auch die des Fotografen einholen.

Beispiele

Beispiel 1: Otto von Bismarck

Für ein anderes Beispiel soll uns Otto von Bismarck dienen. Er lebte von 1815 bis 1898. Ein bekanntes Portrait machte der Fotograf Jacques Pilartz (1836-1910). Betrachtet man diese Daten, so ergibt sich, dass der 10-jährige Bildnisschutz für von Bismarck 1908 ablief. Auch das 70-jährige Urheberrecht des Fotografen ist abgelaufen, und zwar 1980. Sie können also das hier abgedruckte Portrait frei verwenden, ohne die Persönlichkeits- oder Urheberrechte der Beteiligten zu verletzen.

Beispiel 2: Che Guevara

Bestimmt kennen Sie das Schwarz-Weiß-Motiv von Che Guevara im Halbprofil mit Mütze. Es ist ein beliebtes T-Shirt-Motiv. Che Guevara starb 1967. Nach dem Kunsturhebergesetz wäre der 10-jährige Persönlichkeitsschutz längst erloschen. Urheber des berühmten Motivs (zu sehen bei Wikipedia unter *de.wikipedia.org/wiki/Che_Guevara*) ist der Fotograf Alberto Korda, der 2001 starb. Seine Rechte – wahrgenommen von den Erben – erlöschen gemäß § 64 Urheberrechtsgesetz frühestens 70 Jahre nach dem Tod des Fotografen – hier also mit dem Jahr 2071. Bis dahin hat die Allgemeinheit kein Verwertungsrecht an besagtem Motiv (deshalb können wir es hier auch leider nicht drucken).

Rechtsnormen

§§ 59, 63 Urheberrechtsgesetz

§§ 22, 23, 33 Kunsturhebergesetz

§ 201a Strafgesetzbuch

§ 903 BGB

Lampe aus Konservendose, **Hersteller: YUZO**

DER SCHUTZ VON PRODUKTDESIGNS

Schutz von Produkt- und Verpackungsdesigns

Europäischer und internationaler Musterschutz

Verarbeitung geschützter Stoffmuster

Schützbare Produkte

Vielleicht erreicht Ihr Produkt nicht die für den Urheberrechtsschutz erforderliche Schöpfungshöhe, d.h. einen besonders hohen Grad an „geistig-ästhetischem" Inhalt (vgl. das Kapitel zum
Urheberrecht). Dann können Sie ersatzweise Geschmacksmusterschutz beim Deutschen Patent-
und Markenamt (DPMA) beantragen. Man spricht hier auch vom „kleinen Urheberrecht".

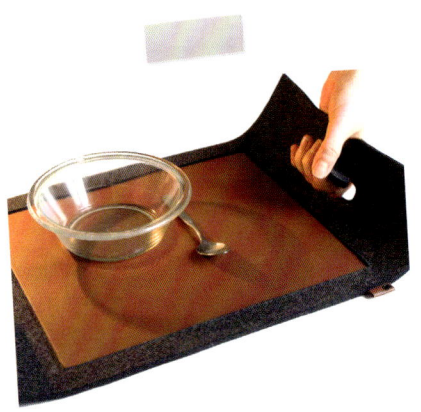

Tablett aus Filz und Leder
Hersteller: stachelrothdesign

Ein Geschmacksmuster schützt die äußere Erscheinungsform eines
industriellen oder handwerklichen Erzeugnisses. Gegenstand eines
Geschmacksmusters ist die zwei- oder dreidimensionale Erscheinungsform, die sich insbesondere aus Linien, Konturen, Farben,
Gestalt, Oberflächenstruktur oder dem Werkstoff des Erzeugnisses
selbst ergibt. Ob Teekanne, Bücherstütze, Handtasche oder Fahr-
radkorb – für praktisch jede Warenart können Geschmacksmuster
angemeldet werden.

Musterschutz im Wortsinne gibt es für Druckmuster auf Textilien,
z.B. für florale oder besonders ausgefallene geometrische Motive
auf Meterware.

Auch Produktverpackungen können Geschmacksmusterschutz
erhalten. Beispiele wären ausgefallene Parfümflakons oder die
charakteristische Form der Coca-Cola-Flasche. Eine besondere
Form des Musterschutzes besteht daneben für Schrifttypen.

„Eigenart" und „Neuheit" als Schutzvoraussetzungen

Voraussetzungen für den Schutz sind stets „Eigenart" und „Neuheit" des Musters.

„Eigenart" bedeutet, dass sich Ihr Muster von anderen, bereits eingetragenen Mustern unterscheidet. Es muss sich bei einem „durchschnittlichen" Betrachter, der Ihr Muster einem bereits
bestehenden Muster gegenüberstellt, ein anderer Gesamteindruck ergeben. Geschmacksmuster
gelten auch dann als identisch, wenn sich ihre Merkmale zwar unterscheiden, aber der Unterschied nur in unwesentlichen Einzelheiten besteht (z.B. nur leichte Farbvariation oder geringfü-
gig andere Proportion).

„Neuheit" bedeutet, dass Sie Ihr Design nicht schon vor der Anmeldung der Öffentlichkeit zugänglich gemacht haben und es damit bereits bekannt ist. Wenn Sie Ihr Produkt zum Beispiel
schon einige Zeit in einem Online-Shop angeboten haben, ist es im rechtlichen Sinne nicht mehr
„neu". Auch wenn es eine bis zu sechsmonatige „Schonfrist" für die Bemessung der Neuheit
gibt, sollten Sie sich also frühzeitig um eine Geschmacksmusteranmeldung kümmern.

Anmeldung zum Geschmacksmusterregister

Liegen die oben genannten Voraussetzungen vor, können Sie Ihr Design beim Deutschen Patent- und Markenamt (DPMA) zur Eintragung in das Geschmacksmusterregister anmelden. Verwenden Sie dazu das amtliche Formular von der Webseite des DPMA. In der Anmeldung müssen Sie Ihr Produkt kurz beschreiben und eine Abbildung hinzufügen (Zeichnung oder Foto). Außerdem müssen Sie entscheiden, für welche der 32 Warenklassen (die Locarno-Klassifikation) Sie Ihr Design anmelden wollen. Eine Übersicht finden Sie im Anhang dieses Buches.

Die Anmeldegebühr beim DPMA beträgt 7 Euro je Geschmacksmuster, mindestens jedoch 70 Euro pro Anmeldevorgang. Für den Mindestbetrag können Sie also bis zu 10 Muster einreichen.

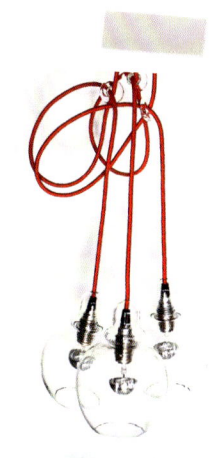

Light Drops Deckenleuchte
Hersteller: Stockhausendesign

Bei der Anmeldung prüft das DPMA nicht, ob das eingereichte Muster Neuheit und Eigenart besitzt. Es überprüft nur, ob die Formalien eingehalten wurden, d.h. ob ein vollständiger Antrag vorliegt und die Anmeldegebühr bezahlt ist.

Stellt der Inhaber eines zeitlich vor Ihnen eingetragenen Geschmacksmusters fest, dass Ihr Design keine Eigenart aufweist oder nicht neu ist, kann dieser Inhaber Widerspruch gegen Ihre Anmeldung einlegen, was zu einem Rechtsstreit führen kann. Deshalb sollten Sie vor der Anmeldung gründlich recherchieren, ob ein ähnliches Muster bereits eingetragen ist. Geschmacksmusterrecherchen sind kostenfrei online möglich unter *register.dpma.de*, können aber – je nach Produkt – sehr aufwändig sein. Ziehen Sie im Zweifel einen Anwalt hinzu.

Schutzdauer und Schutzumfang

Die Schutzdauer eines erfolgreich eingetragenen Geschmacksmusters beträgt zunächst fünf Jahre. Sie können den Schutz auf bis zu 25 Jahre ausdehnen, indem Sie vor Ablauf der Schutzdauer eine Verlängerungsgebühr für die jeweils folgenden fünf Jahre an das DPMA zahlen.

Solange der Schutz besteht, darf keine andere Person Ihr Design oder ein zum Verwechseln ähnliches Design in Deutschland verkaufen. Wenn Sie also bemerken, dass Ihr geschütztes Design durch einen anderen ohne Ihre Erlaubnis gewerblich verwendet wird, stellt dies eine Verletzung Ihrer Rechte dar. Sie können den Rechtsverletzer mit einer Abmahnung zur Unterlassung auffordern und notfalls die Verwendung Ihres Designs gerichtlich untersagen lassen.

Außerdem können Sie vom Rechtsverletzer Schadensersatz verlangen. Hierfür muss der Rechtsverletzer Ihnen Auskunft geben über die Zahl der von ihm verkauften Plagiate sowie über Vertriebswege, Herstellungskosten und Verkaufspreise.

Bedenken Sie, dass rechtliche Streitigkeiten über eingetragene Schutzrechte in der Regel einen Anwalt erfordern und teuer werden können. Sie sollten daher Ihre eigene Rechtsposition genau prüfen, bevor Sie mit einer Abmahnung tätig werden.

Entsprechendes gilt, wenn Sie selbst den Eindruck haben, dass Sie mit einem Ihrer Produkte das Geschmacksmuster eines anderen beeinträchtigen könnten. Suchen Sie gegebenenfalls den Kontakt zum Rechteinhaber und fragen Sie im Vorfeld an, ob dieser rechtliche Einwände gegen Ihr Produkt hat.

Europäischer und internationaler Musterschutz

Designschutz kann man nicht nur für Deutschland, sondern auch für die Europäische Union insgesamt erhalten. Dafür gibt es das europäische Gemeinschaftsgeschmacksmuster, das Sie ebenfalls beim DPMA beantragen können. Allerdings ist hierfür eine höhere Gebühr zu entrichten – mindestens 350 Euro.

Daneben können Sie auf Grundlage des Haager Musterabkommens auch Geschmacksmusterschutz mit Wirkung für verschiedene Länder außerhalb der Europäischen Union erlangen. Auch hier sind die Kosten in der Regel höher als für den inländischen Musterschutz.

Verarbeitung von Textilstoffen zu eigenen Produkten

Vielfach sind gemusterte oder mit Motiven bedruckte Textilstoffe durch Geschmacksmuster geschützt. Bitte denken Sie daran, wenn Sie im Stoffladen Material suchen, das Sie zu Kleidung, Kissenbezügen, Puppen oder anderem weiterverarbeiten und anschließend verkaufen möchten.

Stoffe, die im Einzelhandel an Endverbraucher verkauft werden, enthalten in der Regel keine Lizenz für die gewerbliche Weiterverwendung. Achten Sie beim Einkauf insbesondere auf Aufdrucke wie „No commercial use" („Keine gewerbliche Verwendung") oder „Personal use only" („Nur für den persönlichen Gebrauch") an der Webkante. Im Großhandel angebotene Stoffe sind eher für die kommerzielle Weiterverarbeitung bestimmt.

Wenn Sie nicht genau wissen, ob ein bedruckter Stoff zur kommerziellen Weiterverarbeitung freigegeben ist, kontaktieren Sie im Zweifelsfall den Hersteller des Stoffes und fragen Sie nach einer gewerblichen Nutzungslizenz. Anderenfalls würden Sie das Risiko eingehen, das Geschmacksmusterrecht des Herstellers zu verletzen, was zu rechtlichen Auseinandersetzungen führen kann.

Apfel Stoff grün
Hersteller: bygraziela

Beispiel

Maxie Mustermann hat Kugelschreiber entwickelt, die nicht nur ein ausgefallenes, griffiges Design haben, sondern sich auch noch durch eine neuartige, besonders langlebige Mechanik auszeichnen. Diese besonderen Kugelschreiber möchte Maxie bei DaWanda verkaufen. Dabei möchte sie sichergehen, dass niemand ihre Kugelschreiber nachbaut und dann ebenfalls zum Verkauf anbietet.

Soweit es sich tatsächlich um einen neu erfundenen Kugelschreiber-Mechanismus handelt, kann Maxie für die neue Technik ein Gebrauchsmuster anmelden (siehe Kapitel „Erfindungen"). Vor der Einreichung ihrer Anmeldung sollte Maxie aber mit einer Recherche beim DPMA sicherstellen, dass ein gleichartiger Mechanismus nicht bereits durch einen anderen Erfinder eingetragen wurde.

Daneben kann Maxie die äußere Form der Kugelschreiber, also das Design, als Geschmacksmuster anmelden. Auch hier empfiehlt sich eine vorherige Recherche nach bereits bestehenden Designs.

Wenn Maxies Anträge ohne Beanstandungen bearbeitet sind, trägt das DPMA für die Kugelschreiber einen Gebrauchsmuster- und einen Geschmacksmusterschutz ein. Maxie muss dann nur noch an die rechtzeitige Zahlung der Verlängerungsgebühren denken, um den Schutz nicht vorzeitig zu verlieren.

Rechtsnormen
§§ 2, 5, 6, 37, 42
Geschmacksmustergesetz

Weiterführende
Informationen
dpma.de/geschmacksmuster

Patchworkstoff Mannequins. **Hersteller: ThingsToSew**

BESONDERHEITEN DES MODEDESIGNS

Urheberrecht mit hohen Hürden

EU-Musterschutz ohne Eintragung

Wettbewerbsrechtlicher Saisonschutz

Marken als Designelemente

Gegenüber anderen Werkarten nimmt das Modedesign eine rechtliche Sonderstellung ein: Für den Schutz von Alltagsmode bis Haute Couture greifen Urheber-, Geschmacksmuster-, Marken- und Wettbewerbsrecht ineinander.

Urheberrechtlicher Schutz mit hohen Hürden

Zeichnung „Sonnenhut"
Hersteller: Almut-Norden

Urheberrechtlicher Schutz ist für Modedesign längst nicht so einfach zu erlangen wie für die anderen Werkarten (z.B. Fotografien, Zeichnungen, Gedichte oder Skulpturen). Denn das Urheberrechtsgesetz kennt nur eine begrenzte Zahl definierter Werkarten, die es schützt. Kleidungsstücke sind nicht darunter. Nur über den „Umweg" der Werkarten „bildende Kunst" oder „angewandte Kunst" kann ein Kleidungsschutz urheberrechtlichen Schutz genießen.

Die Gerichte tun sich folglich schwer damit, Modeschöpfungen im rechtlichen Sinne als urheberrechtliches „Werk" anzuerkennen. Um als Werk zu gelten, muss die Modeschöpfung in ihrer konkreten Ausgestaltung den Eindruck eines Kunstwerks vermitteln, vergleichbar mit einer Skulptur.

Außerdem kommt ein solcher Schutz nur für Mode-Neuheiten in Betracht. Da in der Mode aber fast alles schon einmal irgendwie dagewesen ist, ist es schwer, sich als Urheber einer Modeneuschöpfung zu behaupten. Vor allem reicht es für den urheberrechtlichen Schutz nicht aus, eine modische Linie oder Form lediglich weiterzuentwickeln oder mit bereits Bekanntem neu zu kombinieren.

Die Modeschöpfung muss vielmehr in ihrer künstlerischen Gestaltung besonders hervorstechen und gegenüber rein funktionaler Bekleidung aus dem Rahmen fallen. Dazu gehört, was als „Haute Couture" auf den internationalen Laufstegen zur Schau getragen wird. Auch Kostüme aufwendiger Bühnen- und Filmproduktionen können urheberrechtlichen Schutz erreichen. Alltagsmode jedoch, insbesondere wenn in großen Mengen produziert, erreicht den „Werk"-Charakter meist nicht. Die Grenzen sind schwer zu bestimmen. Im Streitfall prüfen Gerichte unter Berücksichtigung aller Details eines Einzelfalls, ob eine Modeschöpfung unter urheberrechtlichem Schutz steht.

Unabhängig davon, ob das Kleidungsstück im ganzen Schutz genießt, kann ein individuell gestalteter Bestandteil selbstständig geschützt sein, etwa ein eigens entwickeltes Motiv (Zeichnung, Foto, Muster), mit dem das Kleidungsstück bedruckt ist.

Das „nicht eingetragene Gemeinschaftsgeschmacksmuster"

Als sogenanntes „kleines Urheberrecht" kann das Geschmacksmusterrecht für den Schutz der Modeschöpfung sorgen. Das Geschmacksmusterrecht kennt zum einen den Schutz durch ein im Register eingetragenes Geschmacksmuster (zuständig ist hier das Deutsche Patent- und Markenamt), zum anderen den europäischen Geschmacksmusterschutz, der ohne Registereintragung entsteht („nicht eingetragenes Gemeinschaftsgeschmacksmuster").

Kapuzenjacke Fahrwasser
Hersteller: viergrad

Hier bestehen das deutsche Recht (Geschmacksmustergesetz, kurz GeschmMG) und das europäische Recht (Gemeinschaftsgeschmacksmuster-Verordnung, GGVO), das ebenfalls in Deutschland gilt, parallel. Während das deutsche Recht eine Registereintragung beim Deutschen Patent- und Markenamt (DPMA) erfordert, kann nach der europäischen GGVO der Designschutz auch ohne Eintragung entstehen – wie das geht, wollen wir im folgenden erläutern.

Nach der GGVO besteht ein dreijähriger Schutz für nicht eingetragene Geschmacksmuster, wobei mit der Verordnung ursprünglich vor allem der Schutz von Modeschöpfungen beabsichtigt war. Wegen der Schnelllebigkeit des Modemarktes sollten hier Designrechte auch ohne langwieriges Eintragungsverfahren ermöglicht werden. Inzwischen gilt der eintragungsfreie Schutz aber auch für alle anderen Produktdesigns.

Das Gemeinschaftsgeschmacksmuster schützt die eigene Modeschöpfung aber nur dann vor der Nachahmung, wenn das Produkt die Voraussetzungen der „Eigenart" und „Neuheit" erfüllt. „Eigenart" hat die Modeschöpfung, wenn eine mode-informierte Person sie als etwas bisher nicht dagewesenes wahrnimmt („Aha-Effekt"). Das Modeprodukt gilt als „neu" ab dem Moment, zu dem es erstmalig der Öffentlichkeit zugänglich gemacht wurde – ab diesem Zeitpunkt läuft die dreijährige Schutzperiode. Meist beginnt die Schutzperiode mit der Vorstellung der Mode auf einer Messe, Modenschau oder in einem Katalog. Dazu zählt auch die Präsentation in einem Internetshop.

Dass das nicht eingetragene Geschmacksmuster ohne zentrale Registrierung auskommt, hat zwar den Vorteil, dass man als Designer weder Formulare ausfüllen noch Gebühren zahlen muss. Andererseits fällt im Streitfall aber auch der Nachweis des eigenen Rechts schwerer.

Dass die Modeschöpfung die erforderliche Eigenart aufweist und wann sie erstmals der Öffentlichkeit vorgestellt wurde, muss der Designer im Zweifel beweisen können, zum Beispiel durch Zeugen. Dabei spielt der Nachweis der ersten Veröffentlichung eine entscheidende Rolle. Der klassische Weg der Veröffentlichung sind Präsentationen auf Modeschauen oder Messen mit breitem Fachpublikum, insbesondere bei Anwesenheit der Fachpresse. In jüngerer Zeit hat sich auch die Präsentation im Internet als weiterer Weg ergeben. Zwar reicht für eine solche Veröffentlichung eine dauerhafte Darstellung der Modeschöpfung im Internet aus, die Darstellung darf allerdings nicht nachträglich veränderbar sein. Zu diesem Zweck bieten einige Onlinedienste die Möglichkeit an, das eigene Design auf besonderen Portalen dauerhaft darzustellen, wobei der Anmelder ein Dokument erhält, das die Daten der Veröffentlichung genau dokumentiert. Diese Portale prüfen allerdings nicht die rechtliche Schutzfähigkeit eines Designs, sondern übernehmen nur dessen Veröffentlichung.

Um die dargelegten Beweisschwierigkeiten zu vermeiden, kann man ein Geschmacksmuster auch in das Register des Deutschen Patent- und Markenamtes eintragen lassen. Das ist zwar mit Gebühren verbunden, dafür aber gibt die Registereintragung eine höhere Rechtssicherheit und eine längere Schutzdauer (bis zu 25 Jahre beim registrierten Design gegenüber nur drei Jahren beim nicht eingetragenen Design).

Ergänzender Leistungsschutz durch das Wettbewerbsrecht

Neben dem GeschmMG und der GGVO kann sich ein weiterer Schutz für Modeschöpfungen auch aus dem Gesetz gegen den unlauteren Wettbewerb (UWG) ergeben. Man spricht hier von „ergänzendem wettbewerbsrechtlichem Leistungsschutz", da die Regeln des UWG die übrigen Gesetze dort „ergänzt", wo deren Schutz lückenhaft ist.

Das UWG sieht geringere Anforderungen an die „Eigenart" der Modeschöpfung vor, dafür setzt es aber voraus, dass das Produkt bereits einen hohen Bekanntheitsgrad bei den Endkunden hat (beim nicht eingetragenen Geschmacksmuster genügt die Bekanntheit unter Branchenkennern wie z.B. Händlern oder Fachpresse).

Rechte nach dem UWG sind – wie beim Urheberrecht und dem nicht eingetragenen Geschmacksmusterrecht – nirgendwo zentral registriert. Auch hier basieren gerichtliche Entscheidungen auf der Summe aller Details des jeweiligen Einzelfalles.

Durch jedes der genannten Schutzrechte erhält der Designer das Recht, anderen die Herstellung und Verbreitung des geschützten Produkts zu untersagen. Bei Rechtsverletzungen kann der Designer auch die Vernichtung der Produktplagiate sowie Schadensersatz verlangen.

Unterschiede in der Schutzdauer

Wesentlicher Unterschied zwischen den oben aufgeführten Rechten ist die Schutzdauer. So gewährt das Urheberrecht einen langfristigen Schutz, der erst 70 Jahre nach dem Tod des Designers endet. Beim eingetragenen Geschmacksmuster beträgt die Schutzdauer bis 25 Jahre, beim nicht eingetragenen Geschmacksmuster sind es lediglich 3 Jahre. Der kürzeste Schutz ergibt sich aus dem UWG – hier besteht nur ein „Saisonschutz für Textilneuheiten" von sechs bis zwölf Monaten.

50er-Jahre-Kleid / Petticoat
Hersteller: elaZara

Es ist nicht ganz leicht, die eigene Kreation vor Nachahmung „wasserdicht" zu schützen.

Auf der anderen Seite will das Recht die Kreativität von Designern und den Wettbewerb nicht mehr als nötig beschränken. Gerade bei „tragbarer" und „alltagstauglicher" Mode werden die Schutzerfordernisse der „Eigenart" und „Neuheit" oft nicht erfüllt. Das muss insgesamt kein Nachteil sein – denn so ist das Risiko auch für die Designer geringer, die Rechte Dritter versehentlich zu verletzen.

Vorgehen bei Rechtsverletzungen

Wird ein geschütztes Design durch Kopie oder Nachahmung verletzt, muss sich der Rechteinhaber direkt an den Verletzer wenden. Dies geschieht in der Regel durch eine Abmahnung, in der der Verletzer dazu aufgefordert wird, den Verkauf einzustellen und bereits hergestellte Plagiate zu vernichten. Der Rechteinhaber muss im Streitfall beweisen können, dass sein Design geschützt ist. Am ehesten gelingt dieser Beweis, wenn das Design beim Deutschen Patent- und Markenamt rechtzeitig registriert wurde. Ob eine Rechtsverletzung vorliegt, entscheiden – wenn sich die Betroffenen nicht einigen können – die Gerichte.

Kleidungsstücke mit außergewöhnlicher, individueller künstlerischer Gestaltung können also durch das Urheberrechtsgesetz (UrhG) und das Geschmacksmustergesetz (GeschmMG) gegen unerlaubtes Kopieren und Nachahmen geschützt sein. Möglicherweise ist das aber nicht jedermann bewusst, weshalb sich in einer Produktbeschreibung oder dem Etikett vielleicht ein Hinweis wie der folgende eignen könnte: „Dieses Design ist gesetzlich geschützt. Das ungenehmigte Kopieren oder Nachahmen ist verboten."

Mode- und Produktdesigns mit Marken schützen

Wegen der Schwierigkeiten, die das Urheber-, Geschmacksmuster- und Wettbewerbsrecht mit sich bringen, kann die Entwicklung und Anmeldung einer eigenen Marke eine sinnvolle Alternative darstellen. Das Markenrecht kann die Lücke füllen, die die anderen Gesetze offen lassen.

Eine Marke schützt zwar nicht unmittelbar den Schnitt, die Muster, Farben oder Druckmotive von Modestücken. Sie kann aber sehr wirksam sein als Kennzeichen für die Qualität oder den Stil eines Designers und seiner Kollektion. Auf diese Weise kann ein Designer seine Kollektion von anderen abgrenzen – siehe dazu auch das Kapitel „Markenrecht" in diesem Buch.

Stoffbeutel „Little Inuit"
Hersteller: george-koenig

Wettbewerbsvorteil Wiedererkennungswert

Der Wettbewerbsvorteil bekannter Marken gegenüber „No-Name"-Produkten besteht im hohen Wiedererkennungswert, in der damit verbundenen Qualitätserwartung und im Image, das die Marke transportiert. Wird ein No-Name-Produkt neben qualitativ identischer Markenware angeboten, so kann die Markenware allein aufgrund ihrer Bekanntheit einen höheren Verkaufserfolg erzielen.

Auch junge Marken können sich schnell herumsprechen, wenn sie mit einem außergewöhnlichen Logo oder einem eingängigen Wortspiel hervorstechen. Das kann sich insbesondere in der Pressearbeit und in der Werbung auszahlen. Wenn dazu auch Produktdesign, Qualität und Kundenservice stimmen, ist schon viel gewonnen – vielleicht sogar mehr, als ein Urheberrechts oder Musterschutzprozess gegen die Konkurrenz erreichen könnte.

Ein weiterer Vorteil der eigenen Marke besteht darin, dass die Schutzdauer praktisch unbegrenzt ist. Die Laufzeit des Markenschutzes beträgt nach Anmeldung zunächst zehn Jahre und kann anschließend beliebig oft weiter verlängert werden.

Marken als Designelemente

Marken können auch als Designelemente genutzt werden. Man denke an Modemarken wie Dolce & Gabbana, Chanel, Hollister oder Adidas. Sie sind international bekannt und drucken ihre Schriftzüge und Logos teilweise großflächig oder als wiederkehrendes Muster auf die Produkte. Die geschützte Marke wirkt gleichzeitig schützend für das Design, das anderenfalls möglicherweise schutzlos wäre.

Bei Adidas wird die Verbindung von Marken- und Designschutz besonders deutlich. Die charakteristischen drei Streifen finden sich auf einer Vielzahl von Adidas-Produkten. Es handelt sich um ein Design, bei dem letztlich dahinstehen kann, ob es urheber- oder geschmacksmusterrechtlich schützbar ist. Denn jedenfalls hat sich Adidas die drei Streifen zugleich als Bildmarke eintragen und auf diese Weise vor Nachahmung schützen lassen. Die Adidas-Kollektion grenzt sich durch die Bildmarke ab – selbst dann, wenn sich Schuhe oder T-Shirts mit ansonsten identischer Passform bzw. gleichem Schnitt auch bei anderen Herstellern finden lassen. Das Prinzip lässt sich auch bei der Marke Puma beobachten: Die Sporttaschen sind an der Silhouette des springenden Tiers schnell als Markentaschen erkennbar – gleichzeitig steckt darin auch ein wesentlicher Teil des Designs.

Diesen Effekt können sich auch junge Designer mit einem gut gewählten Markenzeichen zunutze machen, um aufzufallen und bekannter zu werden – bei gleichzeitigem Schutz vor Nachahmung.

Wird ein Design nachgeahmt, das auf einer geschützten Marke beruht, bestehen Rechtsschutzmöglichkeiten gemäß dem Markengesetz (siehe auch das Kapitel „Markenrecht").

Beispiel

Maxie Mustermann hat Kapuzenpullis in einem Schachbrettmuster-Design entworfen und verkauft sie seit Februar 2012 im Internet. Im Frühjahr 2013 stellt sie fest, dass in einem anderen Shop – von Lisa Lustig – ebenfalls Kapuzenpullis mit schwarz-weißem Karomuster angeboten werden, die ihrem Design zum Verwechseln ähnlich sehen.

Maxie verlangt von Lisa die Löschung ihrer Angebote. Lisa lehnt dies ab mit dem Hinweis, dass schwarz-weiße Karomuster nicht so ungewöhnlich sind. Außerdem habe ein anderer Verkäufer schon 2010 ähnliche Kapuzenpullis angeboten.

Nach genauerer Prüfung stellt Maxie fest, dass ihre „Schach-Pullis" zwar individuell sind, es aber für einen „Haute-Couture"-Schutz nach dem Urheberrecht wohl nicht reichen wird. Es handelt sich eher um Alltagsmode. Nach dem Hinweis auf ähnliche Produkte von 2010 hat Maxie auch Zweifel, ob ihr eigenes Design noch genügend „Eigenart" und „Neuheit" aufweist, um sich auf Geschmacksmusterschutz zu berufen. Zuletzt prüft sie den Saisonschutz aus Wettbewerbsrecht (UWG). Da aber bereits über eine Saison seit ihrem Verkaufsstart abgelaufen ist, scheidet auch dieses Schutzrecht aus.

Maxie hat also nur geringe Aussichten, anderen den Verkauf ähnlicher Pullis zu verbieten. Sie konzentriert sich daher wieder auf die Entwicklung ihrer neuen Kollektion – und ihrer Marke, unter der die Kollektion zukünftig erscheinen soll.

Rechtsnormen

§§ 2, 15, 97, 106 Urheberrechtsgesetz
§§ 2, 5, 6, 37, 42 Geschmacksmustergesetz
Art. 3 EG-Verordnung über das
Gemeinschaftsgeschmackmuster (Nr. 6/2002)

Weiterführende Informationen

www.dpma.de
www.oami.eu

Skizzenbuch „Ideenschmiede", **Hersteller: handgedruckt**

DER SCHUTZ VON ERFINDUNGEN

Patente · Gebrauchsmuster

Europäischer und internationaler Patentschutz

Lizenzerteilung an Hersteller

Zwei Wege zum Ziel: Patent und Gebrauchsmuster

Wertmarke Idee
Hersteller: Feine-Billetterie

Für den Schutz von Erfindungen kommen die Anmeldung eines Patents oder die Anmeldung eines Gebrauchsmusters in Frage. Beide Schutzrechte sind für technische Erfindungen vorgesehen und werden im Register des Deutschen Patent- und Markenamts (DPMA) eingetragen. Welches der beiden Rechte sich besser eignet, lesen Sie unten.

Geht es lediglich um den Schutz der äußeren Form eines Produktes – also das Design – oder den Namensschutz für ein Produkt, wären dagegen eine Geschmacksmuster- bzw. Markenanmeldung die richtigen Mittel.

Patent und Gebrauchsmuster schützen die technische Funktionalität, unabhängig vom Design oder dem Markenauftritt des erfundenen Produktes. Dieser Unterschied ist wichtig!

Unterschiede zwischen den Schutzrechten

Gegenüber dem Patent ist das Gebrauchsmuster deutlich einfacher und preiswerter anzumelden, was es für die meisten kleineren Unternehmen auch attraktiver macht. Außerdem nimmt die Bearbeitung einer Gebrauchsmusteranmeldung durch das DPMA ca. 3-4 Monate in Anspruch, während es für ein Patent 2-3 Jahre sein können.

Dafür aber gibt es für das Gebrauchsmuster zeitliche und räumliche Einschränkungen im Schutzumfang: Ab der Registrierung ist ein Gebrauchsmuster für bis zu 10 Jahre geschützt (das Patent in der Regel 20 Jahre, in Sonderfällen auch länger). Ein Gebrauchsmuster gilt zudem nur für die Bundesrepublik Deutschland; im Unterschied zum Patent gibt es keine Möglichkeit, einen EU-weiten oder internationalen Schutz für das Gebrauchsmuster zu beantragen.

Wegen dieser Einschränkungen spricht man beim Gebrauchsmuster auch vom „kleinen Patent".

Schutzvoraussetzungen

Als Patent oder Gebrauchsmuster werden technische Erfindungen geschützt, die

- **neu** sind,

- auf einem **erfinderischen Schritt** beruhen

- und **gewerblich anwendbar** sind.

Alle drei Voraussetzungen müssen erfüllt sein.

Ein „erfinderischer Schritt" liegt vor, wenn sich die Erfindung auch für einen Fachmann nicht ohne weiteres aus dem bisherigen Stand der Technik ergibt. Es muss also gegenüber dem bisherigen Stand mehr als nur eine naheliegende Änderung eines Details entwickelt worden sein. Außerdem muss die Erfindung „neu" sein, d.h. sie darf der Fachwelt oder Allgemeinheit nicht bereits länger als ein halbes Jahr bekannt sein. Was zum Stand der Technik gehört, ist jedenfalls nicht mehr „neu". Die Voraussetzungen des „erfinderischen Schritts" und der „Neuheit" ähneln von der Systematik her den Voraussetzungen des Geschmacksmusters (siehe dort „Eigenart" und „Neuheit").

USB-Stick "Glühbirne"
Hersteller: stricktdagegen

Eine abstrakte Idee ist nicht schutzfähig. Der Anmeldung einer Erfindung muss vielmehr eine detaillierte technische Beschreibung beigelegt werden. Die Erfindung ist dafür vollständig darzustellen (etwa als Zeichnung) und ihre Funktionsweise schriftlich zu erläutern. Außerdem muss die Erfindung gewerblich anwendbar sein. Einer Erfindung, die nicht gewerblich anwendbar ist, fehlt die rechtliche Schutzfähigkeit.

Allerdings prüft das Patentamt vor Eintragung eines Gebrauchsmusters nicht, ob die Anmeldung tatsächlich eine neue technische Erfindung enthält, die gewerblich nutzbar ist. Diese Frage wird erst dann relevant, wenn eine Streitigkeit über das Gebrauchsmuster mit einem anderen Erfinder oder Hersteller entsteht. Erst dann wird geprüft, ob das Gebrauchsmuster den rechtlichen Anforderungen standhält. Ist das Ergebnis negativ, wird das Gebrauchsmuster gelöscht.

Beim Patent ist der Vorgang umgekehrt: Nach Antragseingang wird die Erfindung vom Patentamt inhaltlich genau geprüft – insbesondere, ob sie gegenüber bereits bestehenden Registereintragungen einen neuen, erfinderischen Schritt aufweist. Erst wenn diese Prüfung positiv ausfällt, wird das Patent erteilt. Das Patent ist dadurch das sicherere Schutzrecht für den Erfinder. Dafür dauert die Erteilung länger als beim Gebrauchsmuster, und sie ist wegen der erforderlichen Recherchen und Prüfungen in der Regel auch deutlich teurer.

Gebühren und Schutzdauer

Für die Anmeldung eines Gebrauchsmusters erhebt das DPMA eine Gebühr von 60 Euro, womit eine Schutzdauer von drei Jahren abgedeckt wird. Die Verlängerung der Schutzdauer um weitere drei Jahre kostet zusätzlich 210 Euro. Anschließend kann der Schutz noch zweimal um jeweils zwei Jahre verlängert werden, insgesamt also auf bis zu 10 Jahre. Eine weitere Verlängerung ist danach nicht mehr möglich.

Die Gebühr für die Anmeldung eines Patents beträgt ebenfalls 60 Euro. Hinzu kommen noch Gebühren für Recherche und Prüfung durch das Patentamt, so dass die tatsächlichen Kosten in der Regel höher sind als beim Gebrauchsmuster. Zudem entstehen – ähnlich wie beim Gebrauchsmuster – jährliche Gebühren für die Aufrechterhaltung des Patents nach Ablauf der ersten beiden Jahre nach Patentanmeldung. Die Dauer des Patents beträgt normalerweise 20 Jahre. In besonderen Fällen kann der Schutz auf 25 Jahre ausgedehnt werden.

Schutzwirkungen

Ist das Gebrauchsmuster eingetragen, gibt dies dem Inhaber das Recht, die Erfindung allein zu verwerten, d.h. anderen zu verbieten, Produkte auf Grundlage der Erfindung herzustellen und zu verkaufen. Der Erfinder erhält damit ein Exklusivrecht an seiner Erfindung, solange die Schutzdauer des Gebrauchsmusters läuft.

Wenn Sie also bemerken, dass Ihre Erfindung ohne Ihr Einverständnis in fremden Produkten gewerblich eingesetzt wird, stellt dies eine Verletzung Ihres Gebrauchsmusters oder Patents dar. Sie können den Rechtsverletzer mit einer Abmahnung zur Unterlassung auffordern und notfalls die Verwendung Ihrer Erfindung gerichtlich untersagen lassen. Außerdem können Sie vom Rechtsverletzer Schadensersatz verlangen. Hierfür muss der Rechtsverletzer Ihnen Auskunft geben über seine Verkaufszahlen, Vertriebswege, Herstellungskosten und Preise.

Bitte bedenken Sie, dass rechtliche Streitigkeiten über Gebrauchsmuster und Patente in aller Regel einen Anwalt erfordern und teuer werden können. Sie sollten daher Ihre eigene Rechtsposition genau prüfen, bevor Sie mit einer Abmahnung tätig werden.

Entsprechendes gilt, wenn Sie selbst den Eindruck haben, dass Sie mit einem Ihrer Produkte ein Recht eines anderen beeinträchtigen könnten.

Suchen Sie gegebenenfalls den Kontakt zum Rechteinhaber und fragen Sie im Vorfeld an, ob dieser wegen eigener Rechte Einwände hat. Sie können auch über eine Lizenz verhandeln.

Europäischer und internationaler Patentschutz

Patente können auch mit Wirkung für die gesamte Europäische Union angemeldet werden. Zuständig ist das Europäische Patentamt (EPA, *www.epo.org*) mit Sitz in München. Hier wird das Europäische Patentregister geführt.

Für Patente, die in Ländern außerhalb der Europäischen Union gelten sollen, können Anträge im Rahmen des internationalen Patentübereinkommens (Patents Cooperation Treaty – PCT) an die World Intellectual Property Organization (WIPO, *www.wipo.int*) in Genf gestellt werden. Jedoch sind nicht alle Staaten dem PCT beigetreten.

Kette Globus
Hersteller: Nerdbirds_Shop

Lizenzerteilung an Hersteller

Häufig stellen Erfinder ihre Produkte nicht selbst her, sondern lassen sie von Dritten produzieren und vertreiben. Ein Erfinder erhält dafür einen Anteil vom Verkaufserlös. Beim dem Vorgang handelt es sich um die Erteilung von Patentlizenzen oder Gebrauchsmusterlizenzen, für die der Erfinder Lizenzentgelte erhält.

Lizenzverträge können auf einen bestimmten Zeitraum (z.B. drei Jahre), auf einen geografischen Bereich (z.B. Nordrhein-Westfalen) oder auf eine bestimmte Stückzahl beschränkt sein. Hierdurch kann der Erfinder die Verwertung seiner Erfindung genauer steuern und seine Vertriebswege und Honorarkonditionen regelmäßig anpassen.

Rechtsnormen

§§ 1, 3, 4, 11 Gebrauchsmustergesetz
§§ 1, 3, 5, 9, 10 Patentgesetz

Weiterführende Informationen

www.dpma.de/gebrauchsmuster
www.dpma.de/patent

Handytasche mit angebissener Birne, **Hersteller: vintagekids**

MARKENRECHT

Wort- und Bildmarken

Markenklassen

Markenregister

Umgestalten von Markenware

Recycling und Upcycling

Die Marke: Kennzeichen und Bindeglied

Kaffeebecher „Berlin" mit Wort-Bild-Marke
Hersteller: Berliner-Gluecksgriff

Eine Marke ist ein Kennzeichen, das der Zuordnung von Waren und Dienstleistungen zu einem Unternehmen dient und zugleich der Abgrenzung von anderen Anbietern.

Kennzeichen können z.B. Worte („Milka", „Nivea"), Buchstaben („BMW", „BP"), Zahlen (z.B. „4711" für Kölnisch Wasser) oder Abbildungen (Krokodil von Lacoste) sein. Dabei muss die Marke nicht unbedingt dem Unternehmensnamen gleichen. So ist z.B. „Milka" eine Marke der Firma Kraft Foods Schweiz Holding GmbH, „Nivea" eine Marke der Beiersdorf AG. Die Marke ist somit ein Bindeglied, das beim Kunden eine Assoziation zwischen dem Produkt und seinem Hersteller erzeugen soll.

Das Apfel-Logo von Apple und der Stern von Mercedes sind hierfür gute Beispiele: ein Blick aufs Logo genügt, und der Kunde weiß auch bei gänzlich neuen Produkten sofort, aus welchem Hause sie kommen.

Schon von Alters her wurden Marken verwendet. Man denke an Vieh, das gebranntmarkt wird und damit ein sichtbares Zeichen erhält, mit dem auf den Eigentümer geschlossen werden kann. Dabei trägt das Vieh nicht den vollen Namen des Eigentümers, sondern nur ein Kurzzeichen – etwa ein geometrisches Symbol, Buchstaben oder Ziffern. Bis heute hat sich dieser Kern der Markenfunktion nicht verändert.

Die Funktionen der Marke

Eine gute entwickelte Marke erfüllt in der Regel drei wesentliche Funktionen:

- Die Marke lässt die Herkunft einer Ware erkennen, ordnet das Produkt also einem bestimmten Unternehmen zu („Ein Stofftier mit Knopf im Ohr ist ein Steiff-Tier", „Sportschuhe mit drei gezackten Streifen sind von Adidas").

- Die Marke weckt beim Kunden eine bestimmte Qualitätserwartung („Lebensmittel mit Demeter-Aufdruck sind ökologisch", „Produkte mit TÜV-Siegel sind verlässlich").

- Die Marke ist die Basis für Öffentlichkeitsarbeit und Werbung (Wiedererkennungseffekt: Mercedes-Stern als Bestandteil jeder Werbung des Autoherstellers).

Verschiedene Erscheinungsformen von Marken

Marken gibt es unter anderem in Form von

- **Wortmarken** (Buchstaben oder Zahlen, z.B. „Milka", „Nivea", „4711"),

- **Bildmarken** (Grafik, z.B. Lacoste-Krokodil, Mercedes-Stern)

- **Wort-Bild-Marken** (Kombinationen oder Mischformen aus Text und Grafik, z.B. geschwungener Coca-Cola-Schriftzug, VW-Logo von Volkswagen)

- **Hörmarken** (z.B. Telekom-Jingle)

- **Farbmarken** (z.B. Magenta der Deutschen Telekom, Lila der „Milka"-Schokolade)

- **Geruchsmarken, Fühlmarken, 3D-Marken** und **Kennfadenmarken**

Schlüsselanhänger mit Wort-Bild-Marke
Hersteller: Berliner-Gluecksgriff

Die Markenklassen

Eine Marke bezieht sich stets auf eine bestimmte Art von Ware oder Dienstleistung. So dient zum Beispiel das Lacoste-Krokodil als Kennzeichen für Textilien, nicht aber für Elektroartikel. Und Steiffs „Knopf im Ohr" ist eine Marke für Kuscheltiere, nicht aber für Fruchtsäfte. Für jede Art von Waren und Dienstleistungen steht eine der 45 Markenklassen der „Nizza-Klassifikation" zur Verfügung. Der Anmelder einer Marke muss im Anmeldeformular angeben, für welche der Klassen seine Marke geschützt werden soll.

Nur für die Waren oder Dienstleistungen, in deren Klasse die Marke eingetragen wird, kann der Inhaber später Schutz beanspruchen. Andere Markenanmelder können daher ein identisches oder ähnliches Zeichen verwenden, solange sie es nur in den übrigen Markenklassen verwenden. Auf diese Weise können gleichlautende Marken nebeneinander bestehen, weil sie wegen der Unterschiedlichkeit der beworbenen Produkte nicht verwechselt werden. Ein Beispiel: „Knorr" ist als Wortmarke für Tütensuppen registriert (Klassen 29 und 30 – Markeninhaber: Unilever Deutschland GmbH), gleichlautend aber auch als Wortmarke für Autoteile (Klassen 7 und 12 – Markeninhaber: Knorr-Bremse AG).

Eine Übersicht über die Markenklassen finden Sie im Anhang dieses Buches.

Inhalt des Markenschutzes

Dem Inhaber einer amtlich registrierten Marke steht das exklusive Nutzungsrecht an der eingetragenen Marke zu. Das bedeutet, dass andere Hersteller oder Verkäufer innerhalb der gleichen Markenklasse kein identisches Kennzeichen verwenden dürfen – und auch keines, das als Wort oder Bild zum Verwechseln ähnlich wäre. Die Marke „markiert" somit das eigene Produkt eindeutig und unverwechselbar. Das eigene Mode- oder Designlabel erhält damit seine rechtliche Grundlage. Bei Kunden stellt sich nach und nach ein positiver Wiedererkennungseffekt ein.

Damit die Markenwirkung nicht durch Dritte verwässert wird, kann der Markeninhaber auf verschiedenen rechtlichen Wegen gegen Nachahmer vorgehen – z.B. mittels Abmahnung, einstweiliger Verfügung, Markenwiderspruchs, Unterlassungs- oder Löschungsklage.

Bitte beachten Sie, dass es sich hier um eine stark verkürzte Darstellung des Themas handelt und nicht alle Besonderheiten des markenrechtlichen Schutzes erörtert werden können.

Eintragung im Markenregister

Der Schutz der eigenen Marke kann durch Eintragung in das vom Deutschen Patent- und Markenamt geführte Markenregister erlangt werden. Die Eintragung setzt eine Markenanmeldung auf einem Formular und die Zahlung der Anmeldegebühr (ab 300 Euro) voraus. Die Anmeldung muss neben der Beschreibung der gewünschten Marke auch die Waren und Dienstleistungen – sortiert nach den Markenklassen – enthalten, die mit der angemeldeten Marke gekennzeichnet werden sollen. Der Schutzumfang einer Marke bestimmt sich danach, für welche Klassen sie eingetragen wird.

Unter Umständen möchte man seine Marke nicht nur in Deutschland, sondern gleich EU-weit schützen, d.h. für sämtliche Mitgliedsstaaten der Europäischen Union gleichzeitig. Dazu kann eine „Europäische Gemeinschaftsmarke" im europäischen Markenregister beim Harmonisierungsamt für den Binnenmarkt (HABM) eingetragen werden. Die Gebühren beginnen bei 1.050 Euro. Anträge an das HABM nimmt auch das DPMA entgegen.

Über die World Intellectual Property Organization (WIPO) mit Sitz in Genf ist auch eine Markenanmeldung für Länder außerhalb der EU möglich. Ein Antrag an die WIPO kann auch beim DPMA eingereicht werden. Es ist mit Kosten ab ca. 700 Euro zu rechnen.

Recherche vor Anmeldung

Wichtig zu wissen: Die Markenregister prüfen bei einer neu eingehenden Markenanmeldung nicht, ob eine identische oder ähnliche Marke bereits registriert ist. Dies kann nur der Anmelder selbst durch eine Recherche vorab klären. Eine solche Markenrecherche sollte vor einer Neu-anmeldung stets durchgeführt werden, weil sich der Inhaber einer bereits bestehenden Marke mit rechtlichen Mitteln gegen die Anmeldung einer verwechselungsfähigen neuen Marke wehren kann. Zu den Rechtsmitteln zählen das Markenwiderspruchsverfahren und die Löschungsklage. Das Aufeinandertreffen einer bereits bestehenden Marke mit einer neu angemeldeten ähnlichen Marke kann so zu teuren Streitigkeiten und Schadensersatzforderungen führen.

Wir empfehlen daher dringend, vor einer Markenanmeldung eine gründliche Recherche durchzuführen. In Deutschland eingetragene Marken können kostenlos auf der Webseite des DPMA recherchiert werden (siehe *register.dpma.de*). Aber auch die in anderen Registern (HABM/WIPO) eingetragenen Marken können rechtlichen Schutz in Deutschland zur Folge haben – deshalb sollten Sie parallel auch in diesen Registern recherchieren. Die Recherche kann auch eine geeignete Anwaltskanzlei für Sie übernehmen.

Markenverletzung ohne eigene Marke

Die Vielzahl eingetragener Marken birgt die Gefahr, dass man als Unternehmer eine fremde Marke versehentlich verletzt. Dies kann auch dann geschehen, wenn man selbst keine eigene Marke angemeldet hat, aber Produktnamen, Shopnamen, Logos oder Internetdomains benutzt, die in dieser Form bereits als Marken eingetragen sind.

Eine Verletzung kann bereits dann vorliegen, wenn ein Begriff oder Logo zwar nicht exakt gleich ist, aber doch so ähnlich, dass im Rechtssinne eine Verwechselungsgefahr besteht. Verwechselungsgefahr wird z.B. schon bei einer ähnlichen Aussprache oder einem ähnlichen Schriftbild angenommen. Die Rechtsprechung hierzu ist vielfältig und für einen Laien schwer überschaubar.

Markenrechtsverletzungen können zu teuren Abmahnungen, Klagen und Schadensersatzfor-derungen führen, auch dann, wenn der Verletzer keine eigene Marke angemeldet hat. Da eine Markenrechtsverletzung also leicht passieren kann, empfehlen wir eine gründliche Recherche vor der Verwendung von Produktnamen und -logos, Shopnamen und Internetdomains, auch wenn keine eigene Markenanmeldung geplant ist.

„eiPott" vs. „iPod"

Im Jahr 2009 stellte die hessische Firma Koziol Eierbecher unter der Bezeichnung „eiPott" her. Eine kreative Idee – nur einer konnte darüber nicht lachen: Der Computerhersteller Apple hatte nämlich bereits 2005 die Europäische Gemeinschaftsmarke „iPod" für sämtliche Markenklassen angemeldet – sogar für Küchenutensilien. Und da „eiPott" und „iPod" in der Aussprache zum Verwechseln ähnlich sind, verlangte Apple von Koziol, keine Eierbecher mehr unter der Marke eiPott

Früher „eiPott", jetzt nur noch „Pott": Eierbecher von Koziol (www.koziol.de)

zu vertreiben. Der Fall wurde durch das Oberlandesgericht Hamburg zugunsten von Apple entschieden (Urteil vom 9. 8. 2010, Az. 5 W 84/10). Koziol musste sein Produkt umbenennen. Vor Gericht zwar unterlegen, gewann Koziol am Ende aber auf andere Weise: Die vielfältige Berichterstattung in Presse und Fernsehen brachte Koziol tausendfache Sympathiebekundungen ein – und das aus aller Welt. Die positive Resonanz für Koziol überraschte selbst Apple.

Merke: Auch bei unterschiedlicher Schreibweise kann es zum Markenstreit kommen. Deshalb ist vor einer Markenanmeldung eine professionelle Recherche nach ähnlichen Bestandsmarken wichtig, um Streit aus dem Weg zu gehen. Andererseits kann ein von den Medien beobachteter Rechtsstreit auch unverhofft positive PR bringen...

Die markenrechtliche Verwechselungsgefahr im Detail

Die „Verwechselungsgefahr" ist ein zentraler Begriff im Markenrecht. Denn wenn zwei Marken sich so ähnlich sind, dass sie von „Otto Normalverbraucher" verwechselt werden können, verlieren beide Marken ihre Kennzeichnungsfunktion. Die Marken werden „verwässert". In einem solchen Fall kann dem Inhaber der älteren Marke das Recht zustehen, die Löschung der jüngeren Marke zu verlangen. Die Folge können juristische Streitigkeiten und hohe Schadensersatzforderungen sein.

Bei der Verwendung von Marken und sonstigen Kennzeichen, Logos, Shop- und Domainnamen sollte man also darauf achten, dass keine Verwechselungsgefahr mit älteren Marken entsteht.

Eine markenrechtliche Verwechselungsgefahr vor allem dann besteht, wenn sich zwei identische oder ähnliche Marken innerhalb derselben Waren- oder Dienstleistungsklasse gegenüberstehen. Marken, die für völlig unterschiedliche Produkte verwendet werden, sind in der Regel nicht verwechselungsfähig.

Wenn Sie einen Produktnamen verwenden, der für Ihre Markenklasse bereits von einem anderen identisch als Marke eingetragen wurde, verletzen Sie die Rechte des Markeninhabers. Aber auch „so ähnliche" Produktbezeichnungen können eine Marke verletzen, wenn eine Verwechselungsgefahr besteht. Eine Verwechselungsgefahr kann sich ergeben z.B. aus ähnlichem Schriftbild, ähnlicher Aussprache oder ähnlicher Bedeutung in einer Fremdsprache.

Wortmarken

Hier einige einfache Beispiele für Begriffe, die zwar nicht identisch sind, aber – gleiche Markenklassen vorausgesetzt – eine markenrechtliche Verwechselungsgefahr bergen:

Hello Kitty – Hallo Kitty – Hallo Katie	Levi's – Lewis
MasterCard – MeisterCard	Meyerbeers – Meiers Bier
McDonald's – MacDonald's	Orbit – Orbiter – Tobit
Rausch – Rauch	Sesamstraße – Sesame Street
Telekom – Telecom – T-Com	Visa – Vista – Vita

Wenn Sie also bei einer Recherche eine Marke finden, die Ihrem Produktnamen ähnlich erscheint und die auch für eine ähnliche Produktart (Markenklasse) eingetragen ist, ist Vorsicht geboten. Besser sollten Sie sich dann eine Alternative überlegen, die möglichst weit entfernt von den bestehenden Marken ist.

Entsprechendes gilt auch für Bildmarken, also Logos. Auch hier gilt: Ein Logo, das mit einem bereits eingetragenen Logo der gleichen Markenklasse verwechselt werden könnte, sollten Sie nicht verwenden.

Bildmarken von taz und Jack Wolfskin

Ein einprägsames Beispiel für verwechselungsfähige Bildmarken: Die Tatze der Tageszeitung „taz" und die Tatze des Bekleidungsherstellers „Jack Wolfskin". Beide Bildmarken sind so gut wie identisch (im Bild links die Marke der „taz", rechts die Marke von „Jack Wolfskin"):

Daher darf die „taz" ihre Fahrradtaschen und ähnliche Merchandising-Artikel aus dem Verlag nicht mit der Tatze bedrucken. Die Taschen der „taz" könnten sonst mit denen von „Jack Wolfskin" verwechselt werden.

Die Verwendung der Tatze für die Titelseite der gedruckten Zeitung ist dagegen kein Problem, denn Jack Wolfskin hat seine Tatze nicht für die Markenklasse der Zeitungen eintragen lassen. Der „taz"-Verlag vertreibt außerdem die Kaffee-Marke „tazpresso". Auch hier ist die Verwendung der Tatze auf den Kaffee-Packungen kein Problem, denn Kaffee gehört ebensowenig zu den von Jack Wolfskin beanspruchten Markenklassen.

Wort-Bild-Marken von ARD und Kabel Eins

Ein weiteres Beispiel bilden die Marken der Sender ARD (links) und Kabel Eins (rechts):

Beide Logos haben in etwa die gleiche Form und enthalten die Ziffer „1". Beide wurden zudem für die gleichen Produkte verwendet, nämlich Fernsehprogramme. Die Marken trafen daher in der gleichen Markenklasse aufeinander. Es entstand ein Rechtsstreit zwischen den Sendern, in dessen Folge Kabel 1 sein Logo ändern musste – und zwar auch auf sämtlichen Briefbögen, Visitenkarten, Reklametafeln, Gebäudeschildern und in allen Dekorationen der Sendestudios. Es dürfte eine teure Angelegenheit gewesen sein.

Wenn Sie also Ihr eigenes Label entwickeln: Seien Sie kreativ und grenzen Sie sich deutlich von anderen ab! Wegen der Vielzahl bereits eingetragener Marken kann das ein aufwändiger Prozess werden. Aber die Mühe lohnt, wenn Sie schließlich etwas einzigartiges für sich entwickelt haben. Und die Erfahrung zeigt: Der Aufwand für eine sorgfältige Markenentwicklung im Vorfeld ist immer günstiger als ein späterer Rechtsstreit.

Rechtsnormen

§§ 3, 4, 14 Markengesetz

Weiterführende Informationen

Deutsche Marken: register.dpma.de
Europäische Marken: oami.europa.eu
International: www.wipo.int/romarin

Umgestaltung bestehender Markenware

Wer eine Marke für sich hat eintragen lassen, darf allein entscheiden, welche Produkte unter dieser Marke auf den Markt kommen. Dazu gehört auch das Recht, anderen Unternehmern eine Veränderung der Original-Produkte zu untersagen. Hierzu zwei Beispiele:

Levi's-Shorts

In einem vom Bundesgerichtshof verhandelten Fall hatte ein Händler gebrauchte Levi's-Jeans gekauft, umgefärbt und dann zu Shorts umgenäht. Die Levi's-Aufnäher sowie die Levi's-Schriftzüge auf den Knöpfen – beides sind geschützte Markenzeichen – blieben unverändert. Auf die Klage von Levi's hin untersagte das Gericht dem Händler den Vertrieb dieser umgestalteten Jeans wegen der Verletzung von Markenrechten. Denn die umgenähten Jeans vermittelten wegen der Markenzeichen den Anschein von Originalen, obwohl Levi's zu dieser Zeit gar keine Shorts herstellte. Levi's hat mit dem Rechtsstreit einer „Verwässerung" seiner Produktpalette entgegengewirkt.

Diamanten-Rolex

Ein weiterer Fall, der vor Gericht landete, war die „Weiterentwicklung" von Rolex-Uhren: Hier hatte ein Juwelier Original-Rolex-Uhren zusätzlich mit Diamanten besetzt und sie anschließend weiterverkauft. Rolex sah darin einen Eingriff in sein markenrechtlich geschütztes Produkt und untersagte die Umgestaltung – zu Recht, wie entschieden wurde. Denn der Markeninhaber darf allein bestimmen, in welcher Gestaltung seine Markenprodukte auf den Markt kommen.

Merke: Ohne eine Erlaubnis durch den Rechteinhaber – also ohne Lizenzvereinbarung – sollte man keinesfalls umgestaltete Markenware vertreiben! Das gilt auch dann, wenn die Markenware nur „verbessert" wird und kein Imageschaden für die Marke beabsichtigt ist.

Verarbeitung von Marken-T-Shirts

Auch das Bedrucken oder Besticken von Marken-T-Shirts oder anderer Markenkleidung mit eigenen Motiven zum Zweck des Verkaufs muss mit dem Markeninhaber zuvor abgesprochen werden. Fragen Sie also den Hersteller nach einer Lizenzvereinbarung für Ihr Projekt. In der Lizenzvereinbarung wird auch geregelt, inwieweit Sie mit dem Markennamen der bedruckten Textilie werben dürfen.

Für die gesamte Oberbekleidung von Fruit Of The Loom zum Beispiel können Sie eine Lizenz unkompliziert über ein Online-Formular beantragen – siehe *www.fruitoftheloom.eu* im Bereich „Imprint". So bleiben Sie auf der sicheren Seite.

Fremde Marken als Motive für eigene Produkte

Bekannte Marken können ein dekoratives Motiv für eigene Produkte sein. Doch auch dies erfordert das Einverständnis des jeweiligen Markeninhabers. Wenn Sie also T-Shirts mit dem Ahoi-Brause-Logo bedrucken oder Lätzchen mit einem Hello-Kitty-Motiv besticken wollen, brauchen Sie hierfür eine Markenlizenz. Auch für die Verwendung von Markenmotiven z.B. auf Mousepads, Postkarten und Frühstücksbrettchen müssen Sie um Erlaubnis fragen (vgl. hierzu auch den Abschnitt über das Logo „Atomkraft? Nein Danke!").

Anderenfalls riskieren Sie einen teuren Rechtsstreit. Das gilt auch dann, wenn Sie ein Markenzeichen nicht kopieren, sondern ein Originalprodukt erwerben, hiervon das Markenzeichen abtrennen und auf einem neuen Produkt anbringen.

Übrigens sind viele beliebte Motive auch als Geschmacksmuster oder durch Urheberrecht geschützt. Entwerfen Sie besser eigene Motive, statt Donald Duck, Biene Maja oder den Grüffelo zu verwenden.

Produktrecycling und Upcycling

Upoycling-Portemonnaie „Yoghurt"
Hersteller: cym

Nach dem Motto „Aus alt mach neu" können viele schöne Produkte entstehen. So kann ein Kronkorken zum Schlüsselanhänger werden, ein Jeansknopf zum Ohrring. Sogar aus leeren Tetrapaks lassen sich kreative Accessoires machen – „Upcycling" liegt im Trend.

Aber auch hier gilt: Ist die Marke auf dem neuen Produkt erkennbar, muss der Markeninhaber mit der Verarbeitung seines Markenzeichens einverstanden sein. Ist der Markeninhaber ein größeres Unternehmen, können Sie meist über die Marketingabteilung erfragen, wer Ihnen grünes Licht für Ihre Idee geben kann. Schicken Sie Ihrem Ansprechpartner z.B. ein Foto eines Prototyps mit einer Bitte um Erlaubnis, dieses Produkt anzubieten.

Unproblematisch hingegen ist die Verwendung, wenn Ihr umgestaltetes Produkt die Originalmarke nicht mehr erkennen lässt. Wenn Sie zum Beispiel die LKW-Plane eines Coca-Cola-Trucks zu einer knallroten Fahrradtasche vernähen und den Schnitt so wählen, dass der Coca-Cola-Schriftzug nicht mehr als solcher zu erkennen ist, bestehen keine Bedenken.

Die Kontrollfrage lautet also: Kann „Otto Normalverbraucher" in meinem Produkt noch die Originalmarke erkennen? Wenn ja, sollten Sie Ihr Design rechtlich näher prüfen und ggf. ändern.

Zubehör für Markenware

Ob Handy-Socke oder Laptop-Tasche: Individuelles Zubehör macht manches technische Gerät erst richtig schick. Wenn Sie solches Zubehör anbieten, sollten Sie darauf bedacht sein, in Ihrer Produktbeschreibung fremde Markennamen nur sehr zurückhaltend zu verwenden. In keinem Fall dürfen Sie durch die Nennung der fremden Marke den Eindruck erwecken, Ihr Produkt wäre ein originales Markenprodukt oder von der fremden Marke lizenziert.

Smartphone-Tasche
Hersteller: eigengut

Die fremde Marke darf nicht im Vordergrund stehen und sollte nur genannt werden, soweit es zur Erläuterung des Produkts unbedingt nötig ist. Hier einige Beispiele:

Bedenkliche Beschreibung:	Bessere Alternative:
„Original MacBook-Tasche"	„Tasche für alle Laptops mit 13 Zoll Bildschirmdiagonale"
„Echte iPad-Hülle"	„Individuelle Hülle für Tablet-PCs, passt u.a. für das iPad von Apple"
„Die Blackberry-Socke"	„Handy-Socke für Smartphones. Passend z.B. für Blackberry"

Fazit

Markeninhaber haben weitreichende Rechte, die Sie als Verkäufer beachten sollten. Lassen Sie sich im Zweifel rechtlich beraten. Denn zum einen können Markenrechtsverstöße sehr teuer werden, und zwar auch dann, wenn sie versehentlich passieren. Zum anderen ist es eine Frage der Fairness: Stellen Sie sich vor, dass Sie selbst eine Marke aufbauen. Dann möchten Sie schließlich auch, dass andere Verkäufer Ihre Marke und die damit verbundene Arbeit respektieren.

Rechtsnormen

§§ 14, 23, 24
Markengesetz

Exkurs: Die Marke „Atomkraft? Nein danke"

Nach dem Reaktorunfall in Fukushima im März 2011 bekam die Anti-Atomkraft-Bewegung wieder großen Zulauf. Das weltbekannte gelb-rote Logo mit dem Text „Atomkraft? Nein danke" war auf Demonstrationen nicht zu übersehen. Nur wenigen dürfte allerdings bewusst sein, dass es sich dabei um eine international geschützte Marke handelt.

Vielleicht hatten auch Sie schon die Idee, einige Produkte mit dem aktuellen Logo für Ihren Shop zu entwerfen. Deshalb wollen wir Ihnen erklären, wie Sie es rechtlich richtig machen. Am Beispiel des rot-gelben Logos stellen wir zudem einige praktische Aspekte des Markenrechts und der Lizenzierung für eigene Produkte dar.

Das Logo wurde entwickelt von der dänischen Bürgerbewegung „OOA". Die Bewegung setzte sich seit den 1970er Jahren für die Aufklärung über die Gefahren der Atomkraft ein und übte politischen Druck auf die dänische Regierung aus. Dabei entwickelte die OOA auch das bekannte Logo. Es wurde in kurzer Zeit zu einem weltweit verbreiteten Symbol gegen die Atomkraft.

International geschützte Marke

Die Popularität des Logos brachte auch das Risiko unerwünschter Nachahmung mit sich. So befürchteten die Aktivisten, dass ein Energiekonzern z.B. „Atomkraft? Ja sicher!" daraus machen und für sich verwenden würde. **Vor diesem Hintergrund** meldete die von der OOA-Bürgerbewegung gegründete OOA-Stiftung Markenschutz für das Logo an. 1976 wurde es als Wort-Bild-Marke ins dänische Markenregister eingetragen. Seit 2004 ist das Logo auch als europäische Gemeinschaftsmarke in allen Ländern der Europäischen Union geschützt. Inzwischen besteht Markenschutz auch in den USA und weiteren Ländern.

Der Markenschutz bedeutet, dass niemand das Logo ohne die Erlaubnis der OOA-Stiftung reproduzieren darf (außer zu rein privaten Zwecken in Einzelstücken). Aber wie erklärt es sich, dass sich die Sonne dennoch zu tausenden auf professionell gedruckten Plakaten, Buttons, Aufklebern, Fahnen und Transparenten wiederfindet?

Markenlizenz erhältlich

Die OOA-Stiftung erteilt Nutzungsrechte an all diejenigen, die sich in der Anti-Atom-Bewegung engagieren und das Logo zu diesem Zweck verwenden wollen. Ein solches Nutzungsrecht nennt man auch Lizenz. Weil hier die Nutzung einer Marke erlaubt wird, spricht man von einer Markenlizenz.

Wer das Logo zu gewerblichen Zwecken verwenden will – zum Beispiel, um Kaffeebecher, T-Shirts, Postkarten oder Frühstücksbrettchen mit dem Logo zu verkaufen – kann ebenfalls eine Markenlizenz bekommen. Schreiben Sie dazu eine E-Mail an *sc@smilingsun.org* und teilen Sie mit, was Sie beabsichtigen mit dem Logo herzustellen. Schreiben Sie auch, in welcher Stückzahl Sie Ihre Produkte produzieren möchten und zu welchem Preis Sie sie anbieten. Mit diesen Angaben kann die OOA Ihnen dann einen Lizenzvertrag anbieten. Der Entwurf des Lizenzvertrages wird Ihnen zugeschickt, damit Sie ihn unterschreiben können.

Verwendung der Lizenzentgelte

Mit den Lizenzentgelten finanziert die OOA-Stiftung ihre weitere Arbeit. Man könnte also sagen, dass ordentlich lizenzierte Produkte auch gleich einem guten Zweck dienen.

Über den Weg der Lizenzierung stellt die OOA-Stiftung zudem sicher, dass niemand das Logo zu anderen Zwecken missbrauchen kann. Denn die unlizenzierte Verwendung kann die Stiftung verbieten lassen – notfalls auch mit gerichtlicher Hilfe. Etwaige Gerichtsverfahren kann die OOA mit den Lizenzgebühren finanzieren. Aus unserer Sicht ist das ein interessantes Beispiel dafür, wie das Markenrecht auch dem Schutz eines politischen Anliegens dienen kann.

Auch andere Markeninhaber können Ihnen eine Lizenz für die Nutzung eines Logos oder Schriftzuges erteilen. Die Prozedur variiert von Markeninhaber zu Markeninhaber. Grundsätzlich gilt, dass Sie fremdes geistiges Eigentum (Designs, Logos etc.) nicht ohne eine Erlaubnis oder eine ausgehandelte Nutzungslizenz zu kommerziellen Zwecken nutzen dürfen. Darum empfehlen wir Ihnen, zunächst den Rechteinhaber zu recherchieren (z.B. über *register.dpma.de*) und ihn nach einer Möglichkeit einer Lizenzierung zu fragen. Erkundigen Sie sich am besten telefonisch nach der zuständigen Marketing- oder Rechtsabteilung.

Weiterführende Informationen

OOA-Stiftung und Lizenzerwerb:
www.smilingsun.org

ANHANG

Übersicht der Schutzrechte für Urheber, Designer, Erfinder und Markenhersteller

	Urheberrecht	Geschmacks-muster	nicht eingetragenes Gemeinschafts-geschmacksmuster	Gebrauchs-muster	Patent	Marke
Schutzobjekt	(Kunst-)Werk, Literatur, Foto-grafie, Grafik	Produktdesign, Modedesign, Stoffmuster, Schrifttypen		technische Erfindung (Gerät oder Verfahren)		Kennzeichen: Wort, Logo, Klang, Farbe
rechtliche Voraussetzung	persönliche geistige Schöpfung	Eigenart und Neuheit		erfinderischer Schritt, Neuheit, gewerbliche Anwendbarkeit		unterschei-dungskräftig, kein Freihalte-bedürfnis
zuständiges Register	keines vorhanden	DPMA (Dtl.) HABM (EU) WIPO (Int.)	keines vorhanden	DPMA (Dtl.)	DPMA (Dtl.) EPA (EU) WIPO (Int.)	DPMA (Dtl.) HABM (EU) WIPO (Int.)
amtliche Prüfung vor Eintragung?	—	ohne vorherige Prüfung	—	ohne vorherige Prüfung	Prüfung vor Patenterteilung	ohne vorherige Prüfung
Schutzbeginn	ab Schaffung des Werkes	ab Register-Eintragung	ab Offenbarung des Designs	ab Register-Eintragung	ab Patent-Erteilung	ab Register-Eintragung
Schutzdauer	bis 70 Jahre nach dem Tod des Urhebers	5 Jahre (max. 25 Jahre)	bis 3 Jahre (nicht verlängerbar)	3 Jahre (max. 10 Jahre)	20 Jahre (max. 25 Jahre)	10 Jahre (beliebig verlängerbar)
Registergebühr	—	ab 70 Euro	—	ab 60 Euro	ab 60 Euro	ab 300 Euro
Rechtsquelle	Urheberrechts-gesetz	Geschmacks-mustergesetz	Gemeinschafts-Geschmacksmuster-verordnung	Gebrauchs-mustergesetz	Patentgesetz	Markengesetz

Geschmacksmuster-Klassen (Locarno-Klassifikation)

1	Nahrungsmittel
2	Bekleidung und Kurzwaren
3	Reiseartikel, Etuis, Schirme, persönliche Gebrauchsgegenstände, soweit nicht in anderen Klassen enthalten
4	Bürstenwaren
5	Nichtkonfektionierte Textilwaren, Folien (Bahnen) aus Kunst- und Naturstoffen
6	Möbel
7	Haushaltsartikel, soweit nicht in anderen Klassen enthalten
8	Werkzeuge und Kleineisenwaren
9	Verpackungen und Behälter für Transport oder Warenumschlag
10	Uhren, Messinstrumente, Kontroll- und Anzeigegeräte
11	Ziergegenstände
12	Transport- und Hebevorrichtungen
13	Apparate zur Erzeugung, Verteilung oder Umwandlung von elektrischer Energie
14	Apparate zur Aufzeichnung, Übermittlung oder Verarbeitung von Informationen
15	Maschinen, soweit nicht in anderen Klassen enthalten
16	Fotografische, kinematografische und optische Artikel
17	Musikinstrumente
18	Druckerei- und Büromaschinen
19	Papier- und Büroartikel, Künstler- und Lehrmittelbedarf
20	Verkaufs- und Werbeausrüstungen, Schilder
21	Spiele, Spielzeuge, Zelte und Sportartikel
22	Waffen, Feuerwerksartikel, Artikel für Jagd, Fischfang od. Schädlingsbekämpfung
23	Einrichtungen zur Verteilung von Flüssigkeiten, sanitäre Anlagen, Heizungs-, Lüftungs- und Klimaanlagen, feste Brennstoffe
24	Medizinische Geräte, Laborausrüstungen
25	Bauten und Bauelemente
26	Beleuchtungsapparate
27	Tabakwaren und Raucherartikel
28	Pharmazeutische und kosmetische Erzeugnisse, Toilettenartikel
29	Vorrichtungen und Ausrüstungen gegen Feuer, zur Unfallverhütung und Rettung
30	Artikel für das Halten und Pflegen von Tieren
31	Maschinen u. Apparate zur Zubereitung von Nahrung od. Getränken, soweit nicht in anderen Klassen enth.
32	Grafische Symbole, Logos, Zierelemente für Oberflächen

Marken-Klassen (Nizza-Klassifikation)

1	Kunstharze im Rohzustand, Kunststoffe im Rohzustand; Düngemittel; Feuerlöschmittel; Gerbmittel; Klebstoffe für gewerbliche Zwecke
2	Farben, Firnisse, Lacke; Rostschutzmittel, Holzkonservierungsmittel; Färbemittel; Beizen; Naturharze im Rohzustand; Blatt metalle und Metalle in Pulverform für Maler, Dekorateure
3	Wasch- und Bleichmittel; Putz-, Polier-, Fettentfernungs- und Schleifmittel; Seifen; Parfümeriewaren, ätherische Öle, Mittel zur Körper- und Schönheitspflege, Haarwässer; Zahnputzmittel
4	Technische Öle und Fette; Schmiermittel; Staubabsorbierungs-, Staubbenetzungs- und Staubbindemittel; Brennstoffe (einschließlich Motorentreibstoffe) und Leuchtstoffe; Kerzen und Dochte
5	Pharmazeutische und veterinärmedizinische Erzeugnisse; Hygienepräparate für medizinische Zwecke; diätetische Erzeugnisse für medizinische Zwecke, Babykost; Pflaster, Verbandmaterial; Zahnfüllmittel; Desinfektionsmittel; Mittel zur Vertilgung von schädlichen Tieren; Fungizide, Herbizide
6	Unedle Metalle und deren Legierungen; Baumaterialien aus Metall; transportable Bauten aus Metall; Schienenbaumaterial aus Metall; Kabel und Drähte aus Metall (nicht für elektrische Zwecke); Schlosserwaren und Kleineisenwaren; Metallrohre; Geldschränke; Waren aus Metall, soweit sie nicht in anderen Klassen enthalten sind; Erze
7	Maschinen und Werkzeugmaschinen; Motoren (ausgenommen Motoren für Landfahrzeuge); Kupplungen und Vorrichtungen zur Kraftübertragung (ausgenommen solche für Landfahrzeuge); nicht handbetätigte landwirtschaftliche Geräte; Brutapparate für Eier
8	Handbetätigte Werkzeuge u. Geräte; Messerschmiedewaren, Gabeln, Löffel; Hieb-/Stichwaffen; Rasierer
9	Wissenschaftliche, Schifffahrts-, Vermessungs-, fotografische, Film-, optische, Wäge-, Mess-, Signal-, Kontroll-, Rettungs- und Unterrichtsapparate und -instrumente; Apparate und Instrumente zum Leiten, Schalten, Umwandeln, Speichern, Regeln und Kontrollieren von Elektrizität; Geräte zur Aufzeichnung, Übertragung und Wiedergabe von Ton und Bild; Magnetaufzeichnungsträger, Schallplatten; Verkaufsautomaten und Mechaniken für geldbetätigte Apparate; Registrierkassen, Rechenmaschinen, Datenverarbeitungsgeräte und Computer; Feuerlöschgeräte
10	Chirurgische, ärztliche, zahn- und tierärztliche Instrumente und Apparate, künstliche Gliedmaßen, Augen und Zähne; orthopädische Artikel; chirurgisches Nahtmaterial
11	Beleuchtungs-, Heizungs-, Dampferzeugungs-, Koch-, Kühl-, Trocken-, Lüftungs- und Wasserleitungsgeräte sowie sanitäre Anlagen
12	Fahrzeuge; Apparate zur Beförderung auf dem Lande, in der Luft oder auf dem Wasser
13	Schusswaffen; Munition und Geschosse; Sprengstoffe; Feuerwerkskörper
14	Edelmetalle und deren Legierungen sowie daraus hergestellte oder damit plattierte Waren, soweit sie nicht in anderen Klassen enthalten sind; Juwelierwaren, Schmuckwaren, Edelsteine; Uhren u. Zeitmessinstrumente
15	Musikinstrumente
16	Papier, Pappe (Karton) und Waren aus diesen Materialien, soweit sie nicht in anderen Klassen enthalten sind; Druckereierzeugnisse; Buchbinderartikel; Fotografien; Schreibwaren; Klebstoffe für Papier- und Schreibwaren oder für Haushaltszwecke; Künstlerbedarf; Pinsel; Schreibmaschinen, Büroartikel (ausgenommen Möbel); Lehr- und Unterrichtsmittel (ausgenommen Apparate); Verpackungsmaterial aus Kunststoff, soweit nicht in anderen Klassen; Drucklettern; Druckstöcke
17	Kautschuk, Guttapercha, Gummi, Asbest, Glimmer und Waren daraus, soweit nicht in anderen Klassen enthalten; Waren aus Kunststoffen (Halbfabrikate); Dichtungs-, Packungs- und Isoliermaterial; Schläuche (nicht aus Metall)
18	Leder und Lederimitationen sowie Waren daraus, soweit sie nicht in anderen Klassen enthalten sind; Häute und Felle; Reise- u. Handkoffer; Regen-/Sonnenschirme, Spazierstöcke; Peitschen, Pferdegeschirre und Sattlerwaren

19	Baumaterialien (nicht aus Metall); Rohre (nicht aus Metall) für Bauzwecke; Asphalt, Pech und Bitumen; transportable Bauten (nicht aus Metall); Denkmäler (nicht aus Metall)
20	Möbel, Spiegel, Bilderrahmen; Waren, soweit sie nicht in anderen Klassen enthalten sind, aus Holz, Kork, Rohr, Binsen, Weide, Horn, Knochen, Elfenbein, Fischbein, Schildpatt, Bernstein, Perlmutter, Meerschaum und deren Ersatzstoffen oder aus Kunststoffen
21	Geräte und Behälter für Haushalt und Küche; Kämme und Schwämme; Bürsten und Pinsel (nicht für Malzwecke); Bürstenmachermaterial; Putzzeug; Stahlwolle; rohes oder teilweise bearbeitetes Glas (außer Bauglas); Glaswaren, Porzellan und Steingut, soweit nicht in anderen Klassen enthalten
22	Seile, Bindfaden, Netze, Zelte, Planen, Segel, Säcke (soweit sie nicht in anderen Klassen enthalten sind); Polsterfüllstoffe (außer aus Kautschuk oder Kunststoffen); rohe Gespinstfasern
23	Garne und Fäden für textile Zwecke
24	Webstoffe, Textilwaren, soweit nicht in anderen Klassen enthalten; Bett- und Tischdecken
25	Bekleidungsstücke, Schuhwaren, Kopfbedeckungen
26	Spitzen, Stickereien, Bänder, Schnürbänder; Knöpfe, Haken und Ösen, Nadeln; künstliche Blumen
27	Teppiche, Fußmatten, Matten, Linoleum und andere Bodenbeläge; Tapeten
28	Spiele, Spielzeug; Turn- und Sportartikel; Christbaumschmuck
29	Fleisch, Fisch, Geflügel und Wild; Fleischextrakte; konserviertes, tiefgekühltes, getrocknetes und gekochtes Obst und Gemüse; Gelees, Konfitüren, Kompotte; Eier, Milch; Speiseöle und -fette.
30	Kaffee, Tee, Kakao, Zucker, Reis, Tapioka, Sago, Kaffeeersatz; Mehle, Getreidepräparate, Brot, feine Backwaren, Konditorwaren, Speiseeis; Honig, Melassesirup; Hefe, Backpulver; Salz, Senf; Essig, Soßen; Gewürze; Kühleis
31	Land-, garten- und forstwirtschaftliche Erzeugnisse sowie Samenkörner, soweit nicht in anderen Klassen enthalten; lebende Tiere; frisches Obst/Gemüse; Sämereien, lebende Pflanzen, natürliche Blumen; Futtermittel; Malz
32	Biere; Mineralwässer und kohlensäurehaltige Wässer und andere alkoholfreie Getränke; Fruchtgetränke und Fruchtsäfte; Sirupe und andere Präparate für die Zubereitung von Getränken
33	Alkoholische Getränke (ausgenommen Biere)
34	Tabak; Raucherartikel; Streichhölzer
35	Werbung; Geschäftsführung; Unternehmensverwaltung; Büroarbeiten
36	Versicherungswesen; Finanzwesen; Geldgeschäfte; Immobilienwesen
37	Bauwesen; Reparaturwesen; Installationsarbeiten
38	Telekommunikation
39	Transportwesen; Verpackung und Lagerung von Waren; Veranstaltung von Reisen
40	Materialbearbeitung
41	Erziehung; Ausbildung; Unterhaltung; sportliche und kulturelle Aktivitäten.
42	Wissenschaftliche u. technologische Dienstleistungen und Forschungsarbeiten und diesbezügliche Designerdienstleistungen; industrielle Analyse- u. Forschungsdienstleistungen; Entwurf u. Entwicklung von Computerhardware u. -software.
43	Dienstleistungen zur Verpflegung und Beherbergung von Gästen
44	Medizinische und veterinärmedizinische Dienstleistungen; Gesundheits- und Schönheitspflege für Menschen und Tiere; Dienstleistungen im Bereich der Land-, Garten- oder Forstwirtschaft
45	Juristische Dienstleistungen; Sicherheitsdienste zum Schutz von Sachwerten oder Personen; von Dritten erbrachte persönliche und soziale Dienstleistungen betreffend individuelle Bedürfnisse

Gesetze und Verordnungen

Gewerbeordnung (GewO)

§ 1 Grundsatz der Gewerbefreiheit
(1) Der Betrieb eines Gewerbes ist jedermann gestattet, soweit nicht durch dieses Gesetz Ausnahmen oder Beschränkungen vorgeschrieben oder zugelassen sind.
(2) Wer gegenwärtig zum Betrieb eines Gewerbes berechtigt ist, kann von demselben nicht deshalb ausgeschlossen werden, weil er den Erfordernissen dieses Gesetzes nicht genügt.

§ 14 Anzeigepflicht; Verordnungsermächtigung
(1) Wer den selbständigen Betrieb eines stehenden Gewerbes, einer Zweigniederlassung oder einer unselbständigen Zweigstel-
le anfängt, muss dies der zuständigen Behörde gleichzeitig anzeigen. Das Gleiche gilt, wenn
1. der Betrieb verlegt wird,
2. der Gegenstand des Gewerbes gewechselt oder auf Waren oder Leistungen ausgedehnt wird, die bei Gewerbebetrieben der angemeldeten Art nicht geschäftsüblich sind, oder
3. der Betrieb aufgegeben wird.
Steht die Aufgabe des Betriebes eindeutig fest und ist die Abmeldung nicht innerhalb eines angemessenen Zeitraums erfolgt, kann die Behörde die Abmeldung von Amts wegen vornehmen.

Abgabenordnung (AO)

§ 138 Anzeigen über die Erwerbstätigkeit
(1) Wer einen Betrieb der Land- und Forstwirtschaft, einen gewerblichen Betrieb oder eine Betriebstätte eröffnet, hat dies nach amtlich vorgeschriebenem Vordruck der Gemeinde mitzuteilen, in der der Betrieb oder die Betriebstätte eröffnet wird; die Gemeinde unterrichtet unverzüglich das nach § 22 Abs. 1 zuständige Finanzamt von dem Inhalt der Mitteilung. (...) Wer eine freiberufliche Tätigkeit aufnimmt, hat dies dem nach § 19 zuständigen Finanzamt mitzuteilen.

Das Gleiche gilt für die Verlegung und die Aufgabe eines Betriebs, einer Betriebstätte oder einer freiberuflichen Tätigkeit. (...)

(3) Mitteilungen nach den Absätzen 1 und 1a sind innerhalb eines Monats nach dem meldepflichtigen Ereignis zu erstatten. Mitteilungen nach Absatz 2 sind innerhalb von fünf Monaten nach Ablauf des Kalenderjahres zu erstatten, in dem das meldepflichtige Ereignis eingetreten ist.

Handwerksordnung (HwO)

§ 1
(1) Der selbständige Betrieb eines zulassungspflichtigen Handwerks als stehendes Gewerbe ist nur den in der Handwerksrolle eingetragenen (...) Personen (...) gestattet. (...)
(2) Ein Gewerbebetrieb ist ein Betrieb eines zulassungspflichtigen Handwerks, wenn er handwerksmäßig betrieben wird und ein Gewerbe vollständig umfaßt, das in der Anlage A aufgeführt ist, oder Tätigkeiten ausgeübt werden, die für dieses Gewerbe wesentlich sind (wesentliche Tätigkeiten). Keine wesentlichen Tätigkeiten sind insbesondere solche, die
1. in einem Zeitraum von bis zu drei Monaten erlernt werden können,
2. zwar eine längere Anlernzeit verlangen, aber für das Gesamtbild des betreffenden zulassungspflichtigen Handwerks nebensächlich sind und deswegen nicht die Fertigkeiten und Kenntnisse erfordern, auf die die Ausbildung in diesem Handwerk hauptsächlich ausgerichtet ist, oder
3. nicht aus einem zulassungspflichtigen Handwerk entstanden sind. (…)

§ 6

(1) Die Handwerkskammer hat ein Verzeichnis zu führen, in welches die Inhaber von Betrieben zulassungspflichtiger Handwerke ihres Bezirks nach Maßgabe der Anlage D Abschnitt I zu diesem Gesetz mit dem von ihnen zu betreibenden Handwerk oder bei Ausübung mehrerer Handwerke mit diesen Handwerken einzutragen sind (Handwerksrolle). (...)

§ 7

(1) Als Inhaber eines Betriebs eines zulassungspflichtigen Handwerks wird eine natürliche oder juristische Person oder eine Personengesellschaft in die Handwerksrolle eingetragen, wenn der Betriebsleiter die Voraussetzungen für die Eintragung in die Handwerksrolle mit dem zu betreibenden Handwerk oder einem mit diesem verwandten Handwerk erfüllt. (...)

(1a) In die Handwerksrolle wird eingetragen, wer in dem von ihm zu betreibenden oder in einem mit diesem verwandten zulas-sungspflichtigen Handwerk die Meisterprüfung bestanden hat.

(2) In die Handwerksrolle werden ferner Ingenieure, Absolventen von technischen Hochschulen und von staatlichen oder staatlich anerkannten Fachschulen für Technik und für Gestaltung mit dem zulassungspflichtigen Handwerk eingetragen, dem der Studien- oder der Schulschwerpunkt ihrer Prüfung entspricht. (...)

§ 16

(1) Wer den Betrieb eines zulassungspflichtigen Handwerks nach § 1 anfängt, hat gleichzeitig mit der nach § 14 der Gewerbeordnung zu erstattenden Anzeige der hiernach zuständigen Behörde die über die Eintragung in die Handwerksrolle ausgestellte Handwerkskarte (§ 10 Abs. 2) vorzulegen. (...)

(2) Der Gewerbetreibende hat ferner der Handwerkskammer (...) unverzüglich den Beginn und die Beendigung seines Betriebs anzuzeigen (…).

Umsatzsteuergesetz (UStG)

§ 1 Steuerbare Umsätze

(1) Der Umsatzsteuer unterliegen die folgenden Umsätze:

1. die Lieferungen und sonstigen Leistungen, die ein Unternehmer im Inland gegen Entgelt im Rahmen seines Unternehmens ausführt. (…)

4. die Einfuhr von Gegenständen im Inland oder in den österreichischen Gebieten Jungholz und Mittelberg (Einfuhrumsatzsteuer);

5. der innergemeinschaftliche Erwerb im Inland gegen Entgelt. (…)

(2) Inland im Sinne dieses Gesetzes ist das Gebiet der Bundesrepublik Deutschland mit Ausnahme des Gebiets von Büsingen, der Insel Helgoland, der Freizonen des Kontrolltyps I nach § 1 Abs. 1 Satz 1 des Zollverwaltungsgesetzes (Freihäfen), der Gewässer und Watten zwischen der Hoheitsgrenze und der jeweiligen Strandlinie sowie der deutschen Schiffe und der deutschen Luftfahrzeuge in Gebieten, die zu keinem Zollgebiet gehören. Ausland im Sinne dieses Gesetzes ist das Gebiet, das danach nicht Inland ist. (...)

(2a) Das Gemeinschaftsgebiet im Sinne dieses Gesetzes umfasst das Inland im Sinne des Absatzes 2 Satz 1 und die Gebiete der übrigen Mitgliedstaaten der Europäischen Gemeinschaft, die nach dem Gemeinschaftsrecht als Inland dieser Mitgliedstaaten gelten (übriges Gemeinschaftsgebiet). Das Fürstentum Monaco gilt als Gebiet der Französischen Republik; die Insel Man gilt als Gebiet des Vereinigten Königreichs Großbritannien und Nordirland. Drittlandsgebiet im Sinne dieses Gesetzes ist das Gebiet, das nicht Gemeinschaftsgebiet ist. (...)

§ 2 Unternehmer, Unternehmen

(1) Unternehmer ist, wer eine gewerbliche oder berufliche Tätigkeit selbständig ausübt. Das Unternehmen umfasst die gesamte gewerbliche oder berufliche Tätigkeit des Unternehmers. Gewerblich oder beruflich ist jede nachhaltige Tätigkeit zur Erzielung von Einnahmen, auch wenn die Absicht, Gewinn zu erzielen, fehlt oder eine Personenvereinigung nur gegenüber ihren Mitgliedern tätig wird. (...)

§ 14 Ausstellung von Rechnungen

(1) Rechnung ist jedes Dokument, mit dem über eine Lieferung oder sonstige Leistung abgerechnet wird, gleichgültig, wie dieses Dokument im Geschäftsverkehr bezeichnet wird. (...) Rechnungen sind auf Papier oder vorbehaltlich der Zustimmung des Empfängers elektronisch zu übermitteln. Eine elektronische Rechnung ist eine Rechnung, die in einem elektronischen Format ausgestellt und empfangen wird.

(2) Führt der Unternehmer eine Lieferung oder eine sonstige Leistung nach § 1 Abs. 1 Nr. 1 aus, gilt Folgendes:

1. führt der Unternehmer eine steuerpflichtige Werklieferung (§ 3 Abs. 4 Satz 1) oder sonstige Leistung im Zusammenhang mit einem Grundstück aus, ist er verpflichtet, innerhalb von sechs Monaten nach Ausführung der Leistung eine Rechnung auszustellen;

2. führt der Unternehmer eine andere als die in Nummer 1 genannte Leistung aus, ist er berechtigt, eine Rechnung auszustellen. Soweit er einen Umsatz an einen anderen Unternehmer für dessen Unternehmen oder an eine juristische Person, die nicht Unternehmer ist, ausführt, ist er verpflichtet, innerhalb von sechs Monaten nach Ausführung der Leistung eine Rechnung auszustellen. (...)

(4) Eine Rechnung muss folgende Angaben enthalten:

1. den vollständigen Namen und die vollständige Anschrift des leistenden Unternehmers und des Leistungsempfängers,

2. die dem leistenden Unternehmer vom Finanzamt erteilte Steuernummer oder die ihm vom Bundeszentralamt für Steuern erteilte Umsatzsteuer-Identifikationsnummer,

3. das Ausstellungsdatum,

4. eine fortlaufende Nummer mit einer oder mehreren Zahlenreihen, die zur Identifizierung der Rechnung vom Rechnungsaussteller einmalig vergeben wird (Rechnungsnummer),

5. die Menge und die Art (handelsübliche Bezeichnung) der gelieferten Gegenstände oder den Umfang und die Art der sonstigen Leistung,

6. den Zeitpunkt der Lieferung oder sonstigen Leistung; in den Fällen des Absatzes 5 Satz 1 den Zeitpunkt der Vereinnahmung

des Entgelts oder eines Teils des Entgelts, sofern der Zeitpunkt der Vereinnahmung feststeht und nicht mit dem Ausstellungsdatum der Rechnung übereinstimmt,

7. das nach Steuersätzen und einzelnen Steuerbefreiungen aufgeschlüsselte Entgelt für die Lieferung oder sonstige Leistung (§ 10) sowie jede im Voraus vereinbarte Minderung des Entgelts, sofern sie nicht bereits im Entgelt berücksichtigt ist,

8. den anzuwendenden Steuersatz sowie den auf das Entgelt entfallenden Steuerbetrag oder im Fall einer Steuerbefreiung einen Hinweis darauf, dass für die Lieferung oder sonstige Leistung eine Steuerbefreiung gilt (…)

§ 14b Aufbewahrung von Rechnungen

(1) Der Unternehmer hat ein Doppel der Rechnung, die er selbst oder ein Dritter in seinem Namen und für seine Rechnung ausgestellt hat, sowie alle Rechnungen, die er erhalten oder die ein Leistungsempfänger oder in dessen Namen und für dessen Rechnung ein Dritter ausgestellt hat, zehn Jahre aufzubewahren. (...)

§ 16 Steuerberechnung, Besteuerungszeitraum und Einzelbesteuerung

(1) Die Steuer ist, soweit nicht § 20 gilt, nach vereinbarten Entgelten zu berechnen. Besteuerungszeitraum ist das Kalenderjahr. (...)

§ 18 Besteuerungsverfahren

(1) Der Unternehmer hat bis zum 10. Tag nach Ablauf jedes Voranmeldungszeitraums eine Voranmeldung nach amtlich vorgeschriebenem Datensatz durch Datenfernübertragung nach Maßgabe der Steuerdaten-Übermittlungsverordnung zu übermitteln, in der er die Steuer für den Voranmeldungszeitraum (Vorauszahlung) selbst zu berechnen hat. (...) Die Vorauszahlung ist am 10. Tag nach Ablauf des Voranmeldungszeitraums fällig. (...)

§ 19 Besteuerung der Kleinunternehmer

(1) Die für Umsätze im Sinne des § 1 Abs. 1 Nr. 1 geschuldete Umsatzsteuer wird von Unternehmern, die im Inland oder in den in § 1 Abs. 3 bezeichneten Gebieten ansässig sind, nicht erhoben, wenn der in Satz 2 bezeichnete Umsatz zuzüglich der darauf entfallenden Steuer im vorangegangenen Kalenderjahr 17.500 Euro nicht überstiegen hat und im laufenden Kalenderjahr 50.000 Euro voraussichtlich nicht übersteigen wird. Umsatz im Sinne des Satzes 1 ist der nach vereinnahmten Entgelten bemessene Gesamtumsatz, gekürzt um die darin enthaltenen Umsätze von Wirtschaftsgütern des Anlagevermögens. (…)

In den Fällen des Satzes 1 finden die Vorschriften über die Steuerbefreiung innergemeinschaftlicher Lieferungen (§ 4 Nr. 1 Buchstabe b, § 6a), über den Verzicht auf Steuerbefreiungen (§ 9), über den gesonderten Ausweis der Steuer in einer Rechnung (§ 14 Abs. 4), über die Angabe der Umsatzsteuer-Identifikationsnummern in einer Rechnung (§ 14a Abs. 1, 3 und 7) und über den Vorsteuerabzug (§ 15) keine Anwendung.

(2) Der Unternehmer kann dem Finanzamt bis zur Unanfechtbarkeit der Steuerfestsetzung (§ 18 Abs. 3 und 4) erklären, dass er auf die Anwendung des Absatzes 1 verzichtet. (...)

§ 20 Berechnung der Steuer nach vereinnahmten Entgelten

Das Finanzamt kann auf Antrag gestatten, dass ein Unternehmer, (…) dessen Gesamtumsatz (§ 19 Abs. 3) im vorangegangenen Kalenderjahr nicht mehr als 500.000 Euro betragen hat (…), die Steuer nicht nach den vereinbarten Entgelten (§ 16 Abs. 1 Satz 1), sondern nach den vereinnahmten Entgelten berechnet. (…)

§ 27a Umsatzsteuer-Identifikationsnummer

(1) Das Bundeszentralamt für Steuern erteilt Unternehmern im Sinne des § 2 auf Antrag eine Umsatzsteuer-Identifikationsnummer. (...) Der Antrag auf Erteilung einer Umsatzsteuer-Identifikationsnummer nach den Sätzen 1 bis 3 ist schriftlich zu stellen. (...)

Bürgerliches Gesetzbuch (BGB)

§ 13 Verbraucher

Verbraucher ist jede natürliche Person, die ein Rechtsgeschäft zu einem Zwecke abschließt, der weder ihrer gewerblichen noch ihrer selbständigen beruflichen Tätigkeit zugerechnet werden kann.

§ 14 Unternehmer

(1) Unternehmer ist eine natürliche oder juristische Person oder eine rechtsfähige Personengesellschaft, die bei Abschluss eines Rechtsgeschäfts in Ausübung ihrer gewerblichen oder selbständigen beruflichen Tätigkeit handelt.

(2) Eine rechtsfähige Personengesellschaft ist eine Personengesellschaft, die mit der Fähigkeit ausgestattet ist, Rechte zu erwerben und Verbindlichkeiten einzugehen.

§ 312d Widerrufs- und Rückgaberecht bei Fernabsatzverträgen

(1) Dem Verbraucher steht bei einem Fernabsatzvertrag ein Widerrufsrecht nach § 355 zu. Anstelle des Widerrufsrechts kann dem Verbraucher bei Verträgen über die Lieferung von Waren ein Rückgaberecht nach § 356 eingeräumt werden.

(2) Die Widerrufsfrist beginnt abweichend von § 355 Abs. 3 Satz 1 nicht vor Erfüllung der Informationspflichten gemäß Artikel 246 § 2

in Verbindung mit § 1 Abs. 1 und 2 des Einführungsgesetzes zum Bürgerlichen Gesetzbuche, bei der Lieferung von Waren nicht vor deren Eingang beim Empfänger, bei der wiederkehrenden Lieferung gleichartiger Waren nicht vor Eingang der ersten Teillieferung und bei Dienstleistungen nicht vor Vertragsschluss.

(3) Das Widerrufsrecht erlischt bei einer Dienstleistung auch dann, wenn der Vertrag von beiden Seiten auf ausdrücklichen Wunsch des Verbrauchers vollständig erfüllt ist, bevor der Verbraucher sein Widerrufsrecht ausgeübt hat.

(4) Das Widerrufsrecht besteht, soweit nicht ein anderes bestimmt ist, nicht bei Fernabsatzverträgen

1. zur Lieferung von Waren, die nach Kundenspezifikation angefertigt werden oder eindeutig auf die persönlichen Bedürfnisse zugeschnitten sind oder die auf Grund ihrer Beschaffenheit nicht für eine Rücksendung geeignet sind oder schnell verderben können oder deren Verfalldatum überschritten würde,

2. zur Lieferung von Audio- oder Videoaufzeichnungen oder von Software, sofern die gelieferten Datenträger vom Verbraucher entsiegelt worden sind,

3. zur Lieferung von Zeitungen, Zeitschriften und Illustrierten, es sei denn, dass der Verbraucher seine Vertragserklärung telefonisch abgegeben hat,

4. zur Erbringung von Wett- und Lotterie-Dienstleistungen, es sei denn, dass der Verbraucher seine Vertragserklärung telefonisch abgegeben hat,

5. die in der Form von Versteigerungen (§ 156) geschlossen werden,

6. die die Lieferung von Waren oder die Erbringung von Finanzdienstleistungen zum Gegenstand haben, deren Preis auf dem Finanzmarkt Schwankungen unterliegt, auf die der Unternehmer keinen Einfluss hat und die innerhalb der Widerrufsfrist auftreten können, insbesondere Dienstleistungen im Zusammenhang mit Aktien, Anteilsscheinen, die von einer Kapitalanlagegesellschaft oder einer ausländischen Investmentgesellschaft ausgegeben werden, und anderen handelbaren Wertpapieren, Devisen, Derivaten oder Geldmarktinstrumenten, oder

7. zur Erbringung telekommunikationsgestützter Dienste, die auf Veranlassung des Verbrauchers unmittelbar per Telefon oder Telefax in einem Mal erbracht werden, sofern es sich nicht um Finanzdienstleistungen handelt.

(5) Das Widerrufsrecht besteht ferner nicht bei Fernabsatzverträgen, bei denen dem Verbraucher bereits auf Grund der §§ 495, 506 bis 512 ein Widerrufs- oder Rückgaberecht nach § 355 oder § 356 zusteht. Bei Ratenlieferungsverträgen gelten Absatz 2 und § 312e Absatz 1 entsprechend.

§ 346 Wirkungen des Rücktritts

(1) Hat sich eine Vertragspartei vertraglich den Rücktritt vorbehalten oder steht ihr ein gesetzliches Rücktrittsrecht zu, so sind im Falle des Rücktritts die empfangenen Leistungen zurückzugewähren und die gezogenen Nutzungen herauszugeben. (2) Statt der Rückgewähr oder Herausgabe hat der Schuldner Wertersatz zu leisten, soweit

1. die Rückgewähr oder die Herausgabe nach der Natur des Erlangten ausgeschlossen ist,

2. er den empfangenen Gegenstand verbraucht, veräußert, belastet, verarbeitet oder umgestaltet hat,

3. der empfangene Gegenstand sich verschlechtert hat oder untergegangen ist; jedoch bleibt die durch die bestimmungsgemäße Ingebrauchnahme entstandene Verschlechterung außer Betracht. Ist im Vertrag eine Gegenleistung bestimmt, ist sie bei der Berechnung des Wertersatzes zugrunde zu legen; ist Wertersatz für den Gebrauchsvorteil eines Darlehens zu leisten, kann nachgewiesen werden, dass der Wert des Gebrauchsvorteils niedriger war.

(3) Die Pflicht zum Wertersatz entfällt,

1. wenn sich der zum Rücktritt berechtigende Mangel erst während der Verarbeitung oder Umgestaltung des Gegenstandes gezeigt hat,

2. soweit der Gläubiger die Verschlechterung oder den Untergang zu vertreten hat oder der Schaden bei ihm gleichfalls eingetreten wäre,

3. wenn im Falle eines gesetzlichen Rücktrittsrechts die Verschlechterung oder der Untergang beim Berechtigten eingetreten ist, obwohl dieser diejenige Sorgfalt beobachtet hat, die er in eigenen Angelegenheiten anzuwenden pflegt.

Eine verbleibende Bereicherung ist herauszugeben.

(4) Der Gläubiger kann wegen Verletzung einer Pflicht aus Absatz 1 nach Maßgabe der §§ 280 bis 283 Schadensersatz verlangen.

§ 355 Widerrufsrecht bei Verbraucherverträgen

(1) Wird einem Verbraucher durch Gesetz ein Widerrufsrecht nach dieser Vorschrift eingeräumt, so ist er an seine auf den Abschluss des Vertrags gerichtete Willenserklärung nicht mehr gebunden, wenn er sie fristgerecht widerrufen hat. Der Widerruf muss keine Begründung enthalten und ist in Textform oder durch Rücksendung der Sache innerhalb der Widerrufsfrist gegenüber dem Unternehmer zu erklären; zur Fristwahrung genügt die rechtzeitige Absendung.

(2) Die Widerrufsfrist beträgt 14 Tage, wenn dem Verbraucher spätestens bei Vertragsschluss eine den Anforderungen des § 360 Abs. 1 entsprechende Widerrufsbelehrung in Textform mitgeteilt wird. Bei Fernabsatzverträgen steht eine unverzüglich nach Vertragsschluss in Textform mitgeteilte Widerrufsbelehrung einer solchen bei Vertragsschluss gleich, wenn der Unternehmer den Verbraucher gemäß Artikel 246 § 1 Abs. 1 Nr. 10 des Einführungsgesetzes zum Bürgerlichen Gesetzbuche unterrichtet hat. Wird die Widerrufsbelehrung dem Verbraucher nach dem gemäß Satz 1 oder Satz 2 maßgeblichen Zeitpunkt mitgeteilt, beträgt die Widerrufsfrist einen Monat. Dies gilt auch dann, wenn der Unternehmer den Verbraucher über das Widerrufsrecht gemäß Artikel 246 § 2 Abs. 1 Satz 1 Nr. 2 des Einführungsgesetzes zum Bürgerlichen Gesetzbuche zu einem späteren als dem in Satz 1 oder Satz 2 genannten Zeitpunkt unterrichten darf.

(3) Die Widerrufsfrist beginnt, wenn dem Verbraucher eine den Anforderungen des § 360 Abs. 1 entsprechende Belehrung über sein Widerrufsrecht in Textform mitgeteilt worden ist. Ist der Vertrag schriftlich abzuschließen, so beginnt die Frist nicht, bevor dem Verbraucher auch eine Vertragsurkunde, der schriftliche Antrag des Verbrauchers oder eine Abschrift der Vertragsurkunde oder des Antrags zur Verfügung gestellt wird. Ist der Fristbeginn streitig, so trifft die Beweislast den Unternehmer.

(4) Das Widerrufsrecht erlischt spätestens sechs Monate nach Vertragsschluss. Diese Frist beginnt bei der Lieferung von Waren nicht vor deren Eingang beim Empfänger. Abweichend von Satz 1 erlischt das Widerrufsrecht nicht, wenn der Verbraucher nicht entsprechend den Anforderungen des § 360 Abs. 1 über sein Widerrufsrecht in Textform belehrt worden ist, bei Fernabsatzverträgen über Finanzdienstleistungen ferner nicht, wenn der Unternehmer seine Mitteilungspflichten gemäß Artikel 246 § 2 Abs. 1 Satz 1 Nr. 1 und Satz 2 Nr. 1 bis 3 des Einführungsgesetzes zum Bürgerlichen Gesetzbuche nicht ordnungsgemäß erfüllt hat.

§ 357 Rechtsfolgen des Widerrufs und der Rückgabe

(1) Auf das Widerrufs- und das Rückgaberecht finden, soweit nicht ein anderes bestimmt ist, die Vorschriften über den gesetzlichen Rücktritt entsprechende Anwendung. § 286 Abs. 3 gilt für die Verpflichtung zur Erstattung von Zahlungen nach dieser Vorschrift entsprechend; die dort bestimmte Frist beginnt mit der Widerrufs- oder Rückgabeerklärung des Verbrauchers. Dabei beginnt die Frist im Hinblick auf eine Erstattungsverpflichtung des Verbrauchers mit Abgabe dieser Erklärung, im Hinblick auf eine Erstattungsverpflichtung des Unternehmers mit deren Zugang.

(2) Der Verbraucher ist bei Ausübung des Widerrufsrechts zur Rücksendung verpflichtet, wenn die Sache durch Paket versandt werden kann. Kosten und Gefahr der Rücksendung trägt bei Widerruf und Rückgabe der Unternehmer. Wenn ein Widerrufsrecht nach § 312d Abs. 1 Satz 1 besteht, dürfen dem Verbraucher die regelmäßigen Kosten der Rücksendung vertraglich auferlegt werden, wenn der Preis der zurückzusendenden Sache einen Betrag von 40 Euro nicht übersteigt oder wenn bei einem höheren Preis der Sache der Verbraucher die Gegenleistung oder eine Teilzahlung zum Zeitpunkt des Widerrufs noch nicht erbracht hat, es sei denn, dass die gelieferte Ware nicht der bestellten entspricht.

(3) Der Verbraucher hat abweichend von § 346 Absatz 2 Satz 1 Nummer 3 Wertersatz für eine Verschlechterung der Sache zu leisten,

1. soweit die Verschlechterung auf einen Umgang mit der Sache zurückzuführen ist, der über die Prüfung der Eigenschaften und der Funktionsweise hinausgeht, und

2. wenn er spätestens bei Vertragsschluss in Textform auf diese Rechtsfolge hingewiesen worden ist.

Bei Fernabsatzverträgen steht ein unverzüglich nach Vertragsschluss in Textform mitgeteilter Hinweis einem solchen bei Vertragsschluss gleich, wenn der Unternehmer den Verbraucher rechtzeitig vor Abgabe von dessen Vertragserklärung in einer dem eingesetzten Fernkommunikationsmittel entsprechenden Weise über die Wertersatzpflicht unterrichtet hat. § 346 Absatz 3 Satz 1 Nummer 3 ist nicht anzuwenden, wenn der Verbraucher über sein Widerrufsrecht ordnungsgemäß belehrt worden ist oder hiervon anderweitig Kenntnis erlangt hat.

(4) Weitergehende Ansprüche bestehen nicht.

Einführungsgesetz zum Bürgerlichen Gesetzbuch (EGBGB)

Artikel 246
§ 1 Informationspflichten bei Fernabsatzverträgen

(1) Bei Fernabsatzverträgen muss der Unternehmer dem Verbraucher rechtzeitig vor Abgabe von dessen Vertragserklärung folgende Informationen in einer dem eingesetzten Fernkommunikationsmittel entsprechenden Weise klar und verständlich und unter Angabe des geschäftlichen Zwecks zur Verfügung stellen:

1. seine Identität, anzugeben ist auch das öffentliche Unternehmensregister, in dem der Rechtsträger eingetragen ist, und die zugehörige Registernummer oder gleichwertige Kennung,

2. die Identität eines Vertreters des Unternehmers in dem Mitgliedstaat, in dem der Verbraucher seinen Wohnsitz hat, wenn es einen solchen Vertreter gibt, oder die Identität einer anderen gewerblich tätigen Person als dem Anbieter, wenn der Verbraucher mit dieser geschäftlich zu tun hat, und die Eigenschaft, in der diese Person gegenüber dem Verbraucher tätig wird,

3. die ladungsfähige Anschrift des Unternehmers und jede andere Anschrift, die für die Geschäftsbeziehung zwischen diesem, seinem Vertreter oder einer anderen gewerblich tätigen Person gemäß Nummer 2 und dem Verbraucher maßgeblich ist, bei juristischen Personen, Personenvereinigungen oder Personengruppen auch den Namen eines Vertretungsberechtigten,

4. die wesentlichen Merkmale der Ware oder Dienstleistung sowie Informationen darüber, wie der Vertrag zustande kommt,

5. die Mindestlaufzeit des Vertrags, wenn dieser eine dauernde oder regelmäßig wiederkehrende Leistung zum Inhalt hat,

6. einen Vorbehalt, eine in Qualität und Preis gleichwertige Leistung (Ware oder Dienstleistung) zu erbringen, und einen Vorbehalt, die versprochene Leistung im Fall ihrer Nichtverfügbarkeit nicht zu erbringen,

7. den Gesamtpreis der Ware oder Dienstleistung einschließlich aller damit verbundenen Preisbestandteile sowie alle über den Unternehmer abgeführten Steuern oder, wenn kein genauer Preis angegeben werden kann, seine Berechnungsgrundlage, die dem Verbraucher eine Überprüfung des Preises ermöglicht,

8. gegebenenfalls zusätzlich anfallende Liefer- und Versandkosten sowie einen Hinweis auf mögliche weitere Steuern oder Kosten, die nicht über den Unternehmer abgeführt oder von ihm in Rechnung gestellt werden,

9. die Einzelheiten hinsichtlich der Zahlung und der Lieferung oder Erfüllung,

10. das Bestehen oder Nichtbestehen eines Widerrufs- oder Rückgaberechts sowie die Bedingungen, Einzelheiten der Ausübung, insbesondere den Namen und die Anschrift desjenigen, gegenüber dem der Widerruf zu erklären ist, und die Rechtsfolgen des Widerrufs oder der Rückgabe einschließlich Informationen über den Betrag, den der Verbraucher im Fall des Widerrufs oder der Rückgabe gemäß § 357 Abs. 1 des Bürgerlichen Gesetzbuchs für die erbrachte Dienstleistung zu zahlen hat,

11. alle spezifischen zusätzlichen Kosten, die der Verbraucher für die Benutzung des Fernkommunikationsmittels zu tragen hat, wenn solche zusätzlichen Kosten durch den Unternehmer in Rechnung gestellt werden, und

12. eine Befristung der Gültigkeitsdauer der zur Verfügung gestellten Informationen, beispielsweise die Gültigkeitsdauer befristeter Angebote, insbesondere hinsichtlich des Preises.

(2) Bei Fernabsatzverträgen über Finanzdienstleistungen muss der Unternehmer dem Verbraucher rechtzeitig vor Abgabe von dessen Vertragserklärung ferner folgende Informationen in der in Absatz 1 genannten Art und Weise zur Verfügung stellen:

1. die Hauptgeschäftstätigkeit des Unternehmers und die für seine Zulassung zuständige Aufsichtsbehörde,

2. gegebenenfalls den Hinweis, dass sich die Finanzdienstleistung auf Finanzinstrumente bezieht, die wegen ihrer spezifischen Merkmale oder der durchzuführenden Vorgänge mit speziellen Risiken behaftet sind oder deren Preis Schwankungen auf dem Finanzmarkt unterliegt, auf die der Unternehmer keinen Einfluss hat, und dass in der Vergangenheit erwirtschaftete Erträge kein Indikator für künftige Erträge sind,

3. die vertraglichen Kündigungsbedingungen einschließlich etwaiger Vertragsstrafen,

4. die Mitgliedstaaten der Europäischen Union, deren Recht der Unternehmer der Aufnahme von Beziehungen zum Verbraucher vor Abschluss des Fernabsatzvertrags zugrunde legt,

5. eine Vertragsklausel über das auf den Fernabsatzvertrag anwendbare Recht oder über das zuständige Gericht,

6. die Sprachen, in welchen die Vertragsbedingungen und die in dieser Vorschrift genannten Vorabinformationen mitgeteilt werden, sowie die Sprachen, in welchen sich der Unternehmer verpflichtet, mit Zustimmung des Verbrauchers die Kommunikation während der Laufzeit dieses Vertrags zu führen,

7. einen möglichen Zugang des Verbrauchers zu einem außergerichtlichen Beschwerde- und Rechtsbehelfsverfahren und gegebenenfalls die Voraussetzungen für diesen Zugang und

8. das Bestehen eines Garantiefonds oder anderer Entschädigungsregelungen, die nicht unter die Richtlinie 94/19/EG des Europäischen Parlaments und des Rates vom 30. Mai 1994 über Einlagensicherungssysteme (ABl. EG Nr. L 135 S. 5) und die Richtlinie 97/9/EG des Europäischen Parlaments und des Rates vom 3. März 1997 über Systeme für die Entschädigung der Anleger (ABl. EG Nr. L 84 S. 22) fallen. (...)

§ 2 Weitere Informationspflichten bei Fernabsatzverträgen

(1) Der Unternehmer hat dem Verbraucher ferner die in Satz 2 bestimmten Informationen in Textform mitzuteilen, und zwar bei

1. Finanzdienstleistungen rechtzeitig vor Abgabe von dessen Vertragserklärung oder, wenn auf Verlangen des Verbrauchers der Vertrag telefonisch oder unter Verwendung eines anderen Fernkommunikationsmittels geschlossen wird, das die Mitteilung in Textform vor Vertragsschluss nicht gestattet, unverzüglich nach Abschluss des Fernabsatzvertrags,

2. sonstigen Dienstleistungen und bei der Lieferung von Waren alsbald, spätestens bis zur vollständigen Erfüllung des Vertrags, bei Waren spätestens bis zur Lieferung an den Verbraucher.

Der Unternehmer hat dem Verbraucher gemäß Satz 1 mitzuteilen:

1. die Vertragsbestimmungen einschließlich der Allgemeinen Geschäftsbedingungen,

2. die in § 1 Abs. 1 genannten Informationen,

3. bei Finanzdienstleistungen auch die in § 1 Abs. 2 genannten Informationen und

4. bei der Lieferung von Waren und sonstigen Dienstleistungen ferner

a) die in § 1 Abs. 2 Nr. 3 genannten Informationen bei Verträgen, die ein Dauerschuldverhältnis betreffen und für eine längere Zeit als ein Jahr oder für unbestimmte Zeit geschlossen sind, sowie

b) Informationen über Kundendienst und geltende Gewährleistungs- und Garantiebedingungen.

(2) Eine Mitteilung nach Absatz 1 Satz 1 Nr. 2 in Verbindung mit Absatz 1 Satz 2 ist entbehrlich bei Dienstleistungen, die unmittelbar durch Einsatz von Fernkommunikationsmitteln erbracht werden, sofern diese Leistungen in einem Mal erfolgen und über den Betreiber der Fernkommunikationsmittel abgerechnet werden. Der Verbraucher muss sich in diesem Fall aber über die Anschrift der Niederlassung des Unternehmers informieren können, bei der er Beanstandungen vorbringen kann.

(3) Zur Erfüllung seiner Informationspflicht gemäß Absatz 1 Satz 2 Nr. 2 in Verbindung mit § 1 Abs. 1 Nr. 10 über das Bestehen eines Widerrufs- oder Rückgaberechts kann der Unternehmer die in den Anlagen 1 und 2 für die Belehrung über das Widerrufs- oder Rückgaberecht vorgesehenen Muster in Textform verwenden. Soweit die nach Abs. 1 Satz 2 Nr. 2 in Verbindung mit § 1 Abs. 1 Nr. 3 und 10, nach Abs. 1 Satz 2 Nr. 3 in Verbindung mit § 1 Abs. 2 Nr. 3 und nach Abs. 1 Satz 2 Nr. 4 Buchstabe b mitzuteilenden Informationen in den Vertragsbestimmungen einschließlich der Allgemeinen Geschäftsbedingungen enthalten sind, bedürfen sie einer hervorgehobenen und deutlich gestalteten Form.

§ 3 Informationspflichten bei Verträgen im elektronischen Geschäftsverkehr

Bei Verträgen im elektronischen Geschäftsverkehr muss der Unternehmer den Kunden unterrichten

1. über die einzelnen technischen Schritte, die zu einem Vertragsschluss führen,

2. darüber, ob der Vertragstext nach dem Vertragsschluss von dem Unternehmer gespeichert wird und ob er dem Kunden zugänglich ist,

3. darüber, wie er mit den gemäß § 312g Absatz 1 Satz 1 Nummer 1 des Bürgerlichen Gesetzbuchs zur Verfügung gestellten technischen Mitteln Eingabefehler vor Abgabe der Vertragserklärung erkennen und berichtigen kann,

4. über die für den Vertragsschluss zur Verfügung stehenden Sprachen und

5. über sämtliche einschlägigen Verhaltenskodizes, denen sich der Unternehmer unterwirft (...)

Telemediengesetz (TMG)

§ 5 Allgemeine Informationspflichten

1) Diensteanbieter haben für geschäftsmäßige, in der Regel gegen Entgelt angebotene Telemedien folgende Informationen leicht erkennbar, unmittelbar erreichbar und ständig verfügbar zu halten:

1. den Namen und die Anschrift, unter der sie niedergelassen sind, bei juristischen Personen zusätzlich die Rechtsform, den Vertretungsberechtigten und, sofern Angaben über das Kapital der Gesellschaft gemacht werden, das Stamm- oder Grundkapital sowie, wenn nicht alle in Geld zu leistenden Einlagen eingezahlt sind, der Gesamtbetrag der ausstehenden Einlagen,

2. Angaben, die eine schnelle elektronische Kontaktaufnahme und unmittelbare Kommunikation mit ihnen ermöglichen, einschließlich der Adresse der elektronischen Post,

3. soweit der Dienst im Rahmen einer Tätigkeit angeboten oder erbracht wird, die der behördlichen Zulassung bedarf, Angaben zur zuständigen Aufsichtsbehörde,

4. das Handelsregister, Vereinsregister, Partnerschaftsregister oder Genossenschaftsregister, in das sie eingetragen sind, und die entsprechende Registernummer,

5. soweit der Dienst in Ausübung eines Berufs im Sinne von Artikel 1 Buchstabe d der Richtlinie 89/48/EWG des Rates vom 21. Dezember 1988 über eine allgemeine Regelung zur Anerkennung der Hochschuldiplome, die eine mindestens dreijährige Berufsausbildung abschließen (ABl. EG Nr. L 19 S. 16), oder im Sinne von Artikel 1 Buchstabe f der Richtlinie 92/51/EWG des Rates vom 18. Juni 1992 über eine zweite allgemeine Regelung zur Anerken-

nung beruflicher Befähigungsnachweise in Ergänzung zur Richtlinie 89/48/EWG (ABl. EG Nr. L 209 S. 25, 1995 Nr. L 17 S. 20), zuletzt geändert durch die Richtlinie 97/38/EG der Kommission vom 20. Juni 1997 (ABl. EG Nr. L 184 S. 31), angeboten oder erbracht wird, Angaben über

a) die Kammer, welcher die Diensteanbieter angehören,

b) die gesetzliche Berufsbezeichnung und den Staat, in dem die Berufsbezeichnung verliehen worden ist,

c) die Bezeichnung der berufsrechtlichen Regelungen und dazu, wie diese zugänglich sind,

6. in Fällen, in denen sie eine Umsatzsteueridentifikationsnummer nach §27a des Umsatzsteuergesetzes oder eine Wirtschafts-Identifikationsnummer nach §139c der Abgabenordnung besitzen, die Angabe dieser Nummer,

7. bei Aktiengesellschaften, Kommanditgesellschaften auf Aktien und Gesellschaften mit beschränkter Haftung, die sich in Abwicklung oder Liquidation befinden, die Angabe hierüber.

(2) Weitergehende Informationspflichten nach anderen Rechtsvorschriften bleiben unberührt.

Verpackungsverordnung (VerpackVO)

§ 3 Begriffsbestimmungen

(1) Im Sinne dieser Verordnung sind

1. Verpackungen: Aus beliebigen Materialien hergestellte Produkte zur Aufnahme, zum Schutz, zur Handhabung, zur Lieferung oder zur Darbietung von Waren, die vom Rohstoff bis zum Verarbeitungserzeugnis reichen können und vom Hersteller an den Vertreiber oder Endverbraucher weitergegeben werden. (...)

2. Verkaufsverpackungen: Verpackungen, die als eine Verkaufseinheit angeboten werden und beim Endverbraucher anfallen. Verkaufsverpackungen im Sinne der Verordnung sind auch Verpackungen des Handels, der Gastronomie und anderer Dienstleister, die die Übergabe von Waren an den Endverbraucher ermöglichen (...)

3. Umverpackungen: Verpackungen, die als zusätzliche Verpackungen zu Verkaufsverpackungen verwendet werden und nicht aus Gründen der Hygiene, der Haltbarkeit oder des Schutzes der Ware vor Beschädigung oder Verschmutzung für die Abgabe an den Endverbraucher erforderlich sind.

4. Transportverpackungen: Verpackungen, die den Transport von Waren erleichtern, die Waren auf dem Transport vor Schäden bewahren oder die aus Gründen der Sicherheit des Transports verwendet werden und beim Vertreiber anfallen. (...)

(8) Hersteller im Sinne dieser Verordnung ist, wer Verpackungen, Packstoffe oder Erzeugnisse herstellt, aus denen unmittelbar Verpackungen hergestellt werden, und derjenige, der Verpackungen in den Geltungsbereich der Verordnung einführt.

(9) Vertreiber im Sinne dieser Verordnung ist, wer Verpackungen, Packstoffe oder Erzeugnisse, aus denen unmittelbar Verpackungen hergestellt werden, oder Waren in Verpackungen, gleichgültig auf welcher Handelsstufe, in Verkehr bringt. Vertreiber im Sinne dieser Verordnung ist auch der Versandhandel. (...)

(11) Endverbraucher im Sinne dieser Verordnung ist derjenige, der die Waren in der an ihn gelieferten Form nicht mehr weiter veräußert. (…)

§ 6 Pflicht zur Gewährleistung der flächendeckenden Rücknahme von Verkaufsverpackungen, die beim privaten Endverbraucher anfallen

(1) Hersteller und Vertreiber, die mit Ware befüllte Verkaufsverpackungen, die typischerweise beim privaten Endverbraucher anfallen, erstmals in den Verkehr bringen, haben sich zur Gewährleistung der flächendeckenden Rücknahme dieser Verkaufsverpackungen an einem oder mehreren Systemen nach Absatz 3 zu beteiligen. (…)

(10) Diese Vorschrift gilt nicht für Mehrwegverpackungen.

Urheberrechtsgesetz (UrhG)

§ 2 Geschützte Werke
(1) Zu den geschützten Werken der Literatur, Wissenschaft und Kunst gehören insbesondere:
1. Sprachwerke, wie Schriftwerke, Reden und Computerprogramme;
2. Werke der Musik;
3. pantomimische Werke einschließlich der Werke der Tanzkunst;
4. Werke der bildenden Künste einschließlich der Werke der Baukunst und der angewandten Kunst und Entwürfe solcher Werke;
5. Lichtbildwerke einschließlich der Werke, die ähnlich wie Lichtbildwerke geschaffen werden;
6. Filmwerke einschließlich der Werke, die ähnlich wie Filmwerke geschaffen werden;
7. Darstellungen wissenschaftlicher oder technischer Art, wie Zeichnungen, Pläne, Karten, Skizzen, Tabellen und plastische Darstellungen.
(2) Werke im Sinne dieses Gesetzes sind nur persönliche geistige Schöpfungen.

§ 7 Urheber
Urheber ist der Schöpfer des Werkes.

§ 11 Allgemeines
Das Urheberrecht schützt den Urheber in seinen geistigen und persönlichen Beziehungen zum Werk und in der Nutzung des

Werkes. Es dient zugleich der Sicherung einer angemessenen Vergütung für die Nutzung des Werkes.

§ 12 Veröffentlichungsrecht
(1) Der Urheber hat das Recht zu bestimmen, ob und wie sein Werk zu veröffentlichen ist.
(2) Dem Urheber ist es vorbehalten, den Inhalt seines Werkes öffentlich mitzuteilen oder zu beschreiben, solange weder das Werk noch der wesentliche Inhalt oder eine Beschreibung des Werkes mit seiner Zustimmung veröffentlicht ist.

§ 13 Anerkennung der Urheberschaft
Der Urheber hat das Recht auf Anerkennung seiner Urheberschaft am Werk. Er kann bestimmen, ob das Werk mit einer Urheberbezeichnung zu versehen und welche Bezeichnung zu verwenden ist.

§ 14 Entstellung des Werkes
Der Urheber hat das Recht, eine Entstellung oder eine andere Beeinträchtigung seines Werkes zu verbieten, die geeignet ist, seine berechtigten geistigen oder persönlichen Interessen am Werk zu gefährden.

§ 15 Allgemeines
(1) Der Urheber hat das ausschließliche Recht, sein Werk in körperlicher Form zu verwerten; das Recht umfaßt insbesondere

1. das Vervielfältigungsrecht (§ 16),

2. das Verbreitungsrecht (§ 17),

3. das Ausstellungsrecht (§ 18).

(2) Der Urheber hat ferner das ausschließliche Recht, sein Werk in unkörperlicher Form öffentlich wiederzugeben (Recht der öffentlichen Wiedergabe). Das Recht der öffentlichen Wiedergabe umfasst insbesondere

1. das Vortrags-, Aufführungs- und Vorführungsrecht (§ 19),

2. das Recht der öffentlichen Zugänglichmachung (§ 19a),

3. das Senderecht (§ 20),

4. das Recht der Wiedergabe durch Bild- oder Tonträger (§ 21),

5. das Recht der Wiedergabe von Funksendungen und von öffentlicher Zugänglichmachung (§ 22).

(3) Die Wiedergabe ist öffentlich, wenn sie für eine Mehrzahl von Mitgliedern der Öffentlichkeit bestimmt ist. Zur Öffentlichkeit gehört jeder, der nicht mit demjenigen, der das Werk verwertet, oder mit den anderen Personen, denen das Werk in unkörperlicher Form wahrnehmbar oder zugänglich gemacht wird, durch persönliche Beziehungen verbunden ist.

§ 16 Vervielfältigungsrecht

(1) Das Vervielfältigungsrecht ist das Recht, Vervielfältigungsstücke des Werkes herzustellen, gleichviel ob vorübergehend oder dauerhaft, in welchem Verfahren und in welcher Zahl.

(2) Eine Vervielfältigung ist auch die Übertragung des Werkes auf Vorrichtungen zur wiederholbaren Wiedergabe von Bild- oder Tonfolgen (Bild- oder Tonträger), gleichviel, ob es sich um die Aufnahme einer Wiedergabe des Werkes auf einen Bild- oder Tonträger oder um die Übertragung des Werkes von einem Bild- oder Tonträger auf einen anderen handelt.

§ 17 Verbreitungsrecht

(1) Das Verbreitungsrecht ist das Recht, das Original oder Vervielfältigungsstücke des Werkes der Öffentlichkeit anzubieten oder in Verkehr zu bringen.

(2) Sind das Original oder Vervielfältigungsstücke des Werkes mit Zustimmung des zur Verbreitung Berechtigten im Gebiet der Europäischen Union oder eines anderen Vertragsstaates des Abkommens über den Europäischen Wirtschaftsraum im Wege der Veräußerung in Verkehr gebracht worden, so ist ihre Weiterverbreitung mit Ausnahme der Vermietung zulässig.

(3) Vermietung im Sinne der Vorschriften dieses Gesetzes ist die zeitlich begrenzte, unmittelbar oder mittelbar Erwerbszwecken dienende Gebrauchsüberlassung. Als Vermietung gilt jedoch nicht die Überlassung von Originalen oder Vervielfältigungsstücken

1. von Bauwerken und Werken der angewandten Kunst oder

2. im Rahmen eines Arbeits- oder Dienstverhältnisses zu dem ausschließlichen Zweck, bei der Erfüllung von Verpflichtungen aus dem Arbeits- oder Dienstverhältnis benutzt zu werden.

§ 18 Ausstellungsrecht

Das Ausstellungsrecht ist das Recht, das Original oder Vervielfältigungsstücke eines unveröffentlichten Werkes der bildenden Künste oder eines unveröffentlichten Lichtbildwerkes öffentlich zur Schau zu stellen.

§ 19 Vortrags-, Aufführungs- und Vorführungsrecht

(1) Das Vortragsrecht ist das Recht, ein Sprachwerk durch persönliche Darbietung öffentlich zu Gehör zu bringen.

(2) Das Aufführungsrecht ist das Recht, ein Werk der Musik durch persönliche Darbietung öffentlich zu Gehör zu bringen oder ein Werk öffentlich bühnenmäßig darzustellen.

(3) Das Vortrags- und das Aufführungsrecht umfassen das Recht, Vorträge und Aufführungen außerhalb des Raumes, in dem die persönliche Darbietung stattfindet, durch Bildschirm, Lautsprecher oder ähnliche technische Einrichtungen öffentlich wahrnehmbar zu machen.

(4) Das Vorführungsrecht ist das Recht, ein Werk der bildenden Künste, ein Lichtbildwerk, ein Filmwerk oder Darstellungen wissenschaftlicher oder technischer Art durch technische Einrichtungen öffentlich wahrnehmbar zu machen. Das Vorführungsrecht umfaßt nicht das Recht, die Funksendung oder öffentliche Zugänglichmachung solcher Werke öffentlich wahrnehmbar zu machen (§ 22).

§ 19a Recht der öffentlichen Zugänglichmachung

Das Recht der öffentlichen Zugänglichmachung ist das Recht, das Werk drahtgebunden oder drahtlos der Öffentlichkeit in einer Weise zugänglich zu machen, dass es Mitgliedern der Öffentlichkeit von Orten und zu Zeiten ihrer Wahl zugänglich ist.

§ 23 Bearbeitungen und Umgestaltungen

Bearbeitungen oder andere Umgestaltungen des Werkes dürfen nur mit Einwilligung des Urhebers des bearbeiteten oder umgestalteten Werkes veröffentlicht oder verwertet werden. Handelt es sich um eine Verfilmung des Werkes, um die Ausführung von Plänen und Entwürfen eines Werkes der bildenden Künste, um den Nachbau eines Werkes der Baukunst oder um die Bearbeitung oder Umgestaltung eines Datenbankwerkes, so bedarf bereits das Herstellen der Bearbeitung oder Umgestaltung der Einwilligung des Urhebers.

§ 24 Freie Benutzung

(1) Ein selbständiges Werk, das in freier Benutzung des Werkes eines anderen geschaffen worden ist, darf ohne Zustimmung des Urhebers des benutzten Werkes veröffentlicht und verwertet werden.

(2) Absatz 1 gilt nicht für die Benutzung eines Werkes der Musik, durch welche eine Melodie erkennbar dem Werk entnommen und einem neuen Werk zugrunde gelegt wird.

§ 97 Anspruch auf Unterlassung und Schadensersatz

(1) Wer das Urheberrecht oder ein anderes nach diesem Gesetz geschütztes Recht widerrechtlich verletzt, kann von dem Verletzten auf Beseitigung der Beeinträchtigung, bei Wiederholungsgefahr auf Unterlassung in Anspruch genommen werden. Der Anspruch auf Unterlassung besteht auch dann, wenn eine Zuwiderhandlung erstmalig droht.

(2) Wer die Handlung vorsätzlich oder fahrlässig vornimmt, ist dem Verletzten zum Ersatz des daraus entstehenden Schadens verpflichtet. Bei der Bemessung des Schadensersatzes kann auch der Gewinn, den der Verletzer durch die Verletzung des Rechts erzielt hat, berücksichtigt werden. Der Schadensersatzanspruch kann auch auf der Grundlage des Betrages berechnet werden, den der Verletzer als angemessene Vergütung hätte entrichten müssen, wenn er die Erlaubnis zur Nutzung des verletzten Rechts eingeholt hätte. Urheber, Verfasser wissenschaftlicher Ausgaben (§ 70), Lichtbildner (§ 72) und ausübende Künstler (§ 73) können auch wegen des Schadens, der nicht Vermögensschaden ist, eine Entschädigung in Geld verlangen, wenn und soweit dies der Billigkeit entspricht.

§ 97a Abmahnung

(1) Der Verletzte soll den Verletzer vor Einleitung eines gerichtlichen Verfahrens auf Unterlassung abmahnen und ihm Gelegenheit geben, den Streit durch Abgabe einer mit einer angemessenen Vertragsstrafe bewehrten Unterlassungsverpflichtung beizulegen. Soweit die Abmahnung berechtigt ist, kann der Ersatz der erforderlichen Aufwendungen verlangt werden.

(2) Der Ersatz der erforderlichen Aufwendungen für die Inanspruchnahme anwaltlicher Dienstleistungen für die erstmalige Abmahnung beschränkt sich in einfach gelagerten Fällen mit einer nur unerheblichen Rechtsverletzung außerhalb des geschäftlichen Verkehrs auf 100 Euro.

§ 98 Vernichtung, Rückruf, Überlassung

(1) Wer das Urheberrecht oder ein anderes nach diesem Gesetz geschütztes Recht widerrechtlich verletzt, kann von dem Verletzten auf Vernichtung der im Besitz oder Eigentum des Verletzers befindlichen rechtswidrig hergestellten, verbreiteten oder zur rechtswidrigen Verbreitung bestimmten Vervielfältigungsstücke in Anspruch genommen werden. Satz 1 ist entsprechend auf die im Eigentum des Verletzers stehenden Vorrichtungen anzuwenden, die vorwiegend zur Herstellung dieser Vervielfältigungsstücke gedient haben.

(2) Wer das Urheberrecht oder ein anderes nach diesem Gesetz geschütztes Recht widerrechtlich verletzt, kann von dem Verletzten auf Rückruf von rechtswidrig hergestellten, verbreiteten oder zur rechtwidrigen Verbreitung bestimmten Vervielfältigungsstücken oder auf deren endgültiges Entfernen aus den Vertriebswegen in Anspruch genommen werden.

(3) Statt der in Absatz 1 vorgesehenen Maßnahmen kann der Verletzte verlangen, dass ihm die Vervielfältigungsstücke, die im Eigentum des Verletzers stehen, gegen eine angemessene Vergütung, welche die Herstellungskosten nicht übersteigen darf, überlassen werden.

(4) Die Ansprüche nach den Absätzen 1 bis 3 sind ausgeschlossen, wenn die Maßnahme im Einzelfall unverhältnismäßig ist. Bei der Prüfung der Verhältnismäßigkeit sind auch die berechtigten Interessen Dritter zu berücksichtigen.

(5) Bauwerke sowie ausscheidbare Teile von Vervielfältigungsstücken und Vorrichtungen, deren Herstellung und Verbreitung nicht rechtswidrig ist, unterliegen nicht den in den Absätzen 1 bis 3 vorgesehenen Maßnahmen.

§ 106 Unerlaubte Verwertung urheberrechtlich geschützter Werke

(1) Wer in anderen als den gesetzlich zugelassenen Fällen ohne Einwilligung des Berechtigten ein Werk oder eine Bearbeitung oder Umgestaltung eines Werkes vervielfältigt, verbreitet oder öffentlich wiedergibt, wird mit Freiheitsstrafe bis zu drei Jahren oder mit Geldstrafe bestraft.

(2) Der Versuch ist strafbar.

§ 108a Gewerbsmäßige unerlaubte Verwertung

(1) Handelt der Täter in den Fällen der §§ 106 bis 108 gewerbsmäßig, so ist die Strafe Freiheitsstrafe bis zu fünf Jahren oder Geldstrafe.

(2) Der Versuch ist strafbar.

Kunsturhebergesetz (KUG)

§ 22

Bildnisse dürfen nur mit Einwilligung des Abgebildeten verbreitet oder öffentlich zur Schau gestellt werden. Die Einwilligung gilt im Zweifel als erteilt, wenn der Abgebildete dafür, daß er sich abbilden ließ, eine Entlohnung erhielt. Nach dem Tode des Abgebildeten bedarf es bis zum Ablaufe von 10 Jahren der Einwilligung der Angehörigen des Abgebildeten. Angehörige im Sinne dieses Gesetzes sind der überlebende Ehegatte oder Lebenspartner und die Kinder des Abgebildeten und, wenn weder ein Ehegatte oder Lebenspartner noch Kinder vorhanden sind, die Eltern des Abgebildeten.

§ 23

(1) Ohne die nach § 22 erforderliche Einwilligung dürfen verbreitet und zur Schau gestellt werden:
1. Bildnisse aus dem Bereiche der Zeitgeschichte;
2. Bilder, auf denen die Personen nur als Beiwerk neben einer Landschaft oder sonstigen Örtlichkeit erscheinen;
3. Bilder von Versammlungen, Aufzügen und ähnlichen Vorgängen, an denen die dargestellten Personen teilgenommen haben;

4. Bildnisse, die nicht auf Bestellung angefertigt sind, sofern die Verbreitung oder Schaustellung einem höheren Interesse der Kunst dient.
(2) Die Befugnis erstreckt sich jedoch nicht auf eine Verbreitung und Schaustellung, durch die ein berechtigtes Interesse des Abgebildeten oder, falls dieser verstorben ist, seiner Angehörigen verletzt wird.

§ 24

Für Zwecke der Rechtspflege und der öffentlichen Sicherheit dürfen von den Behörden Bildnisse ohne Einwilligung des Berechtigten sowie des Abgebildeten oder seiner Angehörigen vervielfältigt, verbreitet und öffentlich zur Schau gestellt werden.

§ 33

(1) Mit Freiheitsstrafe bis zu einem Jahr oder mit Geldstrafe wird bestraft, wer entgegen den §§ 22, 23 ein Bildnis verbreitet oder öffentlich zur Schau stellt.

(2) Die Tat wird nur auf Antrag verfolgt.

Geschmacksmustergesetz (GeschmMG)

§ 1 Begriffsbestimmungen

Im Sinne dieses Gesetzes

1. ist ein Muster die zweidimensionale oder dreidimensionale Erscheinungsform eines ganzen Erzeugnisses oder eines Teils da

von, die sich insbesondere aus den Merkmalen der Linien, Konturen, Farben, der Gestalt, Oberflächenstruktur oder der Werkstoffe des Erzeugnisses selbst oder seiner Verzierung ergibt;

2. ist ein Erzeugnis jeder industrielle oder handwerkliche Gegenstand, einschließlich Verpackung, Ausstattung, grafischer Symbole und typografischer Schriftzeichen sowie von Einzelteilen, die zu einem komplexen Erzeugnis zusammengebaut werden sollen; ein Computerprogramm gilt nicht als Erzeugnis;

3. ist ein komplexes Erzeugnis ein Erzeugnis aus mehreren Bauelementen, die sich ersetzen lassen, so dass das Erzeugnis auseinander- und wieder zusammengebaut werden kann;

4. ist eine bestimmungsgemäße Verwendung die Verwendung durch den Endbenutzer, ausgenommen Maßnahmen der Instandhaltung, Wartung oder Reparatur;

5. gilt als Rechtsinhaber der in das Register eingetragene Inhaber des Geschmacksmusters.

§ 2 Geschmacksmusterschutz

(1) Als Geschmacksmuster wird ein Muster geschützt, das neu ist und Eigenart hat.

(2) Ein Muster gilt als neu, wenn vor dem Anmeldetag kein identisches Muster offenbart worden ist. Muster gelten als identisch, wenn sich ihre Merkmale nur in unwesentlichen Einzelheiten unterscheiden.

(3) Ein Muster hat Eigenart, wenn sich der Gesamteindruck, den es beim informierten Benutzer hervorruft, von dem Gesamteindruck unterscheidet, den ein anderes Muster bei diesem Benutzer hervorruft, das vor dem Anmeldetag offenbart worden ist. Bei der Beurteilung der Eigenart wird der Grad der Gestaltungsfreiheit des Entwerfers bei der Entwicklung des Musters berücksichtigt.

§ 3 Ausschluss vom Geschmacksmusterschutz

(1) Vom Geschmacksmusterschutz ausgeschlossen sind

1. Erscheinungsmerkmale von Erzeugnissen, die ausschließlich durch deren technische Funktion bedingt sind;

2. Erscheinungsmerkmale von Erzeugnissen, die zwangsläufig in ihrer genauen Form und ihren genauen Abmessungen nachgebildet werden müssen, damit das Erzeugnis, in das das Muster aufgenommen oder bei dem es verwendet wird, mit einem anderen Erzeugnis mechanisch zusammengebaut oder verbunden oder in diesem, an diesem oder um dieses herum angebracht werden kann, so dass beide Erzeugnisse ihre Funktion erfüllen;

3. Muster, die gegen die öffentliche Ordnung oder gegen die guten Sitten verstoßen;

4. Muster, die eine missbräuchliche Benutzung eines der in Artikel 6ter der Pariser Verbandsübereinkunft zum Schutz des ge-

werblichen Eigentums aufgeführten Zeichen oder von sonstigen Abzeichen, Emblemen und Wappen von öffentlichem Interesse darstellen.

(2) Erscheinungsmerkmale im Sinne von Absatz 1 Nr. 2 sind vom Geschmacksmusterschutz nicht ausgeschlossen, wenn sie dem Zweck dienen, den Zusammenbau oder die Verbindung einer Vielzahl von untereinander austauschbaren Teilen innerhalb eines Bauteilesystems zu ermöglichen.

§ 5 Offenbarung

Ein Muster ist offenbart, wenn es bekannt gemacht, ausgestellt, im Verkehr verwendet oder auf sonstige Weise der Öffentlichkeit zugänglich gemacht wurde, es sei denn, dass dies den in der Gemeinschaft tätigen Fachkreisen des betreffenden Sektors im normalen Geschäftsverlauf vor dem Anmeldetag des Musters nicht bekannt sein konnte. Ein Muster gilt nicht als offenbart, wenn es einem Dritten lediglich unter der ausdrücklichen oder stillschweigenden Bedingung der Vertraulichkeit bekannt gemacht wurde.

§ 6 Neuheitsschonfrist

Eine Offenbarung bleibt bei der Anwendung des § 2 Abs. 2 und 3 unberücksichtigt, wenn ein Muster während der zwölf Monate vor dem Anmeldetag durch den Entwerfer oder seinen Rechtsnachfolger oder durch einen Dritten als Folge von Informationen oder Handlungen des Entwerfers oder seines Rechtsnachfolgers der Öffentlichkeit zugänglich gemacht wurde. Dasselbe gilt, wenn das Muster als Folge einer missbräuchlichen Handlung gegen den Entwerfer oder seinen Rechtsnachfolger offenbart wurde.

§ 27 Entstehung und Dauer des Schutzes

(1) Der Schutz entsteht mit der Eintragung in das Register.

(2) Die Schutzdauer des Geschmacksmusters beträgt 25 Jahre, gerechnet ab dem Anmeldetag.

§ 38 Rechte aus dem Geschmacksmuster, Schutzumfang

(1) Das Geschmacksmuster gewährt seinem Rechtsinhaber das ausschließliche Recht, es zu benutzen und Dritten zu verbieten, es ohne seine Zustimmung zu benutzen. Eine Benutzung schließt insbesondere die Herstellung, das Anbieten, das Inverkehrbringen, die Einfuhr, die Ausfuhr, den Gebrauch eines Erzeugnisses, in das das Geschmacksmuster aufgenommen oder bei dem es verwendet wird, und den Besitz eines solchen Erzeugnisses zu den genannten Zwecken ein.

(2) Der Schutz aus einem Geschmacksmuster erstreckt sich auf jedes Muster, das beim informierten Benutzer keinen anderen Gesamteindruck erweckt. Bei der Beurteilung des Schutzumfangs wird der Grad der Gestaltungsfreiheit des Entwerfers bei der Entwicklung seines Musters berücksichtigt.

(3) Während der Dauer der Aufschiebung der Bekanntmachung (§ 21 Abs. 1 Satz 1) setzt der Schutz nach den Absätzen 1 und 2 voraus, dass das Muster das Ergebnis einer Nachahmung des Geschmacksmusters ist.

Verordnung über das Gemeinschaftsgeschmacksmuster (GGVO)

Artikel 4 – Schutzvoraussetzungen

(1) Ein Geschmacksmuster wird durch ein Gemeinschaftsgeschmacksmuster geschützt, soweit es neu ist und Eigenart hat.

(2) Ein Geschmacksmuster, das in einem Erzeugnis, das Bauelement eines komplexen Erzeugnisses ist, benutzt oder in dieses Erzeugnis eingefügt wird, gilt nur dann als neu und hat nur dann Eigenart:

a) wenn das Bauelement, das in das komplexe Erzeugnis eingefügt ist, bei dessen bestimmungsgemäßer Verwendung sichtbar bleibt, und

b) soweit diese sichtbaren Merkmale des Bauelements selbst die Voraussetzungen der Neuheit und Eigenart erfüllen.

(3) „Bestimmungsgemäße Verwendung" im Sinne des Absatzes 2 Buchstabe a) bedeutet Verwendung durch den Endbenutzer, ausgenommen Instandhaltungs-, Wartungs- oder Reparaturarbeiten.

Artikel 5 – Neuheit

(1) Ein Geschmacksmuster gilt als neu, wenn der Öffentlichkeit:

a) im Fall nicht eingetragener Gemeinschaftsgeschmacksmuster vor dem Tag, an dem das Geschmacksmuster, das geschützt werden soll, erstmals der Öffentlichkeit zugänglich gemacht wird,

b) im Fall eingetragener Gemeinschaftsgeschmacksmuster vor dem Tag der Anmeldung zur Eintragung des Geschmacksmusters, das geschützt werden soll, oder, wenn eine Priorität in Anspruch genommen wird, vor dem Prioritätstag,

kein identisches Geschmacksmuster zugänglich gemacht worden ist.

(2) Geschmacksmuster gelten als identisch, wenn sich ihre Merkmale nur in unwesentlichen Einzelheiten unterscheiden.

Artikel 6 – Eigenart

(1) Ein Geschmacksmuster hat Eigenart, wenn sich der Gesamteindruck, den es beim informierten Benutzer hervorruft, von dem Gesamteindruck unterscheidet, den ein anderes Geschmacks-

muster bei diesem Benutzer hervorruft, das der Öffentlichkeit zugänglich gemacht worden ist, und zwar:

a) im Fall nicht eingetragener Gemeinschaftsgeschmacksmuster vor dem Tag, an dem das Geschmacksmuster, das geschützt werden soll, erstmals der Öffentlichkeit zugänglich gemacht wird,

b) im Fall eingetragener Gemeinschaftsgeschmacksmuster vor dem Tag der Anmeldung zur Eintragung oder, wenn eine Priorität in Anspruch genommen wird, vor dem Prioritätstag.

(2) Bei der Beurteilung der Eigenart wird der Grad der Gestaltungsfreiheit des Entwerfers bei der Entwicklung des Geschmacksmusters berücksichtigt.

Artikel 10 – Schutzumfang

(1) Der Umfang des Schutzes aus dem Gemeinschaftsgeschmacksmuster erstreckt sich auf jedes Geschmacksmuster, das beim informierten Benutzer keinen anderen Gesamteindruck erweckt.

(2) Bei der Beurteilung des Schutzumfangs wird der Grad der Gestaltungsfreiheit des Entwerfers bei der Entwicklung seines Geschmacksmusters berücksichtigt.

Artikel 11 – Schutzdauer des nicht eingetragenen Gemeinschaftsgeschmacksmusters

(1) Ein Geschmacksmuster, das die im 1. Abschnitt genannten Voraussetzungen erfüllt, wird als ein nicht eingetragenes Gemeinschaftsgeschmacksmuster für eine Frist von drei Jahren geschützt, beginnend mit dem Tag, an dem es der Öffentlichkeit innerhalb der Gemeinschaft erstmals zugänglich gemacht wurde.

(2) Im Sinne des Absatzes 1 gilt ein Geschmacksmuster als der Öffentlichkeit innerhalb der Gemeinschaft zugänglich gemacht, wenn es in solcher Weise bekannt gemacht, ausge- stellt, im Verkehr verwendet oder auf sonstige Weise offenbart wurde, dass dies den in der Gemeinschaft tätigen Fachkreisen des betreffenden Wirtschaftszweigs im normalen Geschäftsverlauf bekannt sein konnte. Ein Geschmacksmuster gilt jedoch nicht als der Öffentlichkeit zugänglich gemacht, wenn es ledig- lich einem Dritten unter der ausdrücklichen oder stillschweigenden Bedingung der Vertraulichkeit offenbart wurde.

Markengesetz (MarkenG)

§ 3 Als Marke schutzfähige Zeichen

(1) Als Marke können alle Zeichen, insbesondere Wörter einschließlich Personennamen, Abbildungen, Buchstaben, Zahlen, Hörzeichen, dreidimensionale Gestaltungen einschließlich der Form einer Ware oder ihrer Verpackung sowie sonstige Aufmachungen einschließlich Farben und Farbzusammenstellungen geschützt werden, die geeignet sind, Waren oder Dienstleistungen eines Unternehmens von denjenigen anderer Unternehmen zu unterscheiden.

(2) Dem Schutz als Marke nicht zugänglich sind Zeichen, die ausschließlich aus einer Form bestehen,

1. die durch die Art der Ware selbst bedingt ist,

2. die zur Erreichung einer technischen Wirkung erforderlich ist oder

3. die der Ware einen wesentlichen Wert verleiht.

§ 8 Absolute Schutzhindernisse

(1) Von der Eintragung sind als Marke schutzfähige Zeichen im Sinne des § 3 ausgeschlossen, die sich nicht graphisch darstellen lassen.

(2) Von der Eintragung ausgeschlossen sind Marken,

1. denen für die Waren oder Dienstleistungen jegliche Unterscheidungskraft fehlt,

2. die ausschließlich aus Zeichen oder Angaben bestehen, die im Verkehr zur Bezeichnung der Art, der Beschaffenheit, der Menge, der Bestimmung, des Wertes, der geographischen Herkunft, der Zeit der Herstellung der Waren oder der Erbringung der Dienstleistungen oder zur Bezeichnung sonstiger Merkmale der Waren oder Dienstleistungen dienen können,

3. die ausschließlich aus Zeichen oder Angaben bestehen, die im allgemeinen Sprachgebrauch oder in den redlichen und ständigen Verkehrsgepflogenheiten zur Bezeichnung der Waren oder Dienstleistungen üblich geworden sind,

4. die geeignet sind, das Publikum insbesondere über die Art, die Beschaffenheit oder die geographische Herkunft der Waren oder Dienstleistungen zu täuschen,

5. die gegen die öffentliche Ordnung oder die gegen die guten Sitten verstoßen,

6. die Staatswappen, Staatsflaggen oder andere staatliche Hoheitszeichen oder Wappen eines inländischen Ortes oder eines inländischen Gemeinde- oder weiteren Kommunalverbandes enthalten,

7. die amtliche Prüf- oder Gewährzeichen enthalten, die nach einer Bekanntmachung des Bundesministeriums der Justiz im Bundesgesetzblatt von der Eintragung als Marke ausgeschlossen sind,

8. die Wappen, Flaggen oder andere Kennzeichen, Siegel oder Bezeichnungen internationaler zwischenstaatlicher Organisationen enthalten, die nach einer Bekanntmachung des Bundesministeriums der Justiz im Bundesgesetzblatt von der Eintragung als Marke ausgeschlossen sind,

9. deren Benutzung ersichtlich nach sonstigen Vorschriften im öffentlichen Interesse untersagt werden kann, oder

10. die bösgläubig angemeldet worden sind.

§ 9 Angemeldete oder eingetragene Marken als relative Schutzhindernisse

(1) Die Eintragung einer Marke kann gelöscht werden,

1. wenn sie mit einer angemeldeten oder eingetragenen Marke mit älterem Zeitrang identisch ist und die Waren oder Dienstleistungen, für die sie eingetragen worden ist, mit den Waren oder Dienstleistungen identisch sind, für die die Marke mit älterem Zeitrang angemeldet oder eingetragen worden ist,

2. wenn wegen ihrer Identität oder Ähnlichkeit mit einer angemeldeten oder eingetragenen Marke mit älterem Zeitrang und der Identität oder der Ähnlichkeit der durch die beiden Marken erfaßten Waren oder Dienstleistungen für das Publikum die Gefahr von Verwechslungen besteht, einschließlich der Gefahr, daß die Marken gedanklich miteinander in Verbindung gebracht werden, oder

3. wenn sie mit einer angemeldeten oder eingetragenen Marke mit älterem Zeitrang identisch oder dieser ähnlich ist und für Waren oder Dienstleistungen eingetragen worden ist, die nicht denen ähnlich sind, für die die Marke mit älterem Zeitrang angemeldet oder eingetragen worden ist, falls es sich bei der Marke mit äl-

terem Zeitrang um eine im Inland bekannte Marke handelt und die Benutzung der eingetragenen Marke die Unterscheidungskraft oder die Wertschätzung der bekannten Marke ohne rechtfertigenden Grund in unlauterer Weise ausnutzen oder beeinträchtigen würde.

(2) Anmeldungen von Marken stellen ein Eintragungshindernis im Sinne des Absatzes 1 nur dar, wenn sie eingetragen werden.

§ 14 Ausschließliches Recht des Inhabers einer Marke, Unterlassungsanspruch, Schadensersatz

(1) Der Erwerb des Markenschutzes nach § 4 gewährt dem Inhaber der Marke ein ausschließliches Recht.

(2) Dritten ist es untersagt, ohne Zustimmung des Inhabers der Marke im geschäftlichen Verkehr

1. ein mit der Marke identisches Zeichen für Waren oder Dienstleistungen zu benutzen, die mit denjenigen identisch sind, für die sie Schutz genießt,

2. ein Zeichen zu benutzen, wenn wegen der Identität oder Ähnlichkeit des Zeichens mit der Marke und der Identität oder Ähnlichkeit der durch die Marke und das Zeichen erfaßten Waren oder Dienstleistungen für das Publikum die Gefahr von Verwechslungen besteht, einschließlich der Gefahr, daß das Zeichen mit der Marke gedanklich in Verbindung gebracht wird, oder

3. ein mit der Marke identisches Zeichen oder ein ähnliches Zeichen für Waren oder Denstleistungen zu benutzen, die nicht denen ähnlich sind, für die die Marke Schutz genießt, wenn es sich bei der Marke um eine im Inland bekannte Marke handelt und die Benutzung des Zeichens die Unterscheidungskraft oder die Wertschätzung der bekannten Marke ohne rechtfertigenden Grund in unlauterer Weise ausnutzt oder beeinträchtigt.

(3) Sind die Voraussetzungen des Absatzes 2 erfüllt, so ist es insbesondere untersagt,

1. das Zeichen auf Waren oder ihrer Aufmachung oder Verpackung anzubringen,

2. unter dem Zeichen Waren anzubieten, in den Verkehr zu bringen oder zu den genannten Zwecken zu besitzen,

3. unter dem Zeichen Dienstleistungen anzubieten oder zu erbringen,

4. unter dem Zeichen Waren einzuführen oder auszuführen,

5. das Zeichen in Geschäftspapieren oder in der Werbung zu benutzen.

(4) Dritten ist es ferner untersagt, ohne Zustimmung des Inhabers der Marke im geschäftlichen Verkehr

1. ein mit der Marke identisches Zeichen oder ein ähnliches Zeichen auf Aufmachungen oder Verpackungen oder auf Kennzeichnungsmitteln wie Etiketten, Anhängern, Aufnähern oder dergleichen anzubringen,

2. Aufmachungen, Verpackungen oder Kennzeichnungsmittel, die mit einem mit der Marke identischen Zeichen oder einem ähnlichen Zeichen versehen sind, anzubieten, in den Verkehr zu bringen oder zu den genannten Zwecken zu besitzen oder

3. Aufmachungen, Verpackungen oder Kennzeichnungsmittel, die mit einem mit der Marke identischen Zeichen oder einem ähnlichen Zeichen versehen sind, einzuführen oder auszuführen, wenn die Gefahr besteht, daß die Aufmachungen oder Verpackungen zur Aufmachung oder Verpackung oder die Kennzeichnungsmittel zur Kennzeichnung von Waren oder Dienstleistun-

gen benutzt werden, hinsichtlich deren Dritten die Benutzung des Zeichens nach den Absätzen 2 und 3 untersagt wäre.

(5) Wer ein Zeichen entgegen den Absätzen 2 bis 4 benutzt, kann von dem Inhaber der Marke bei Wiederholungsgefahr auf Unterlassung in Anspruch genommen werden. Der Anspruch besteht auch dann, wenn eine Zuwiderhandlung erstmalig droht.

(6) Wer die Verletzungshandlung vorsätzlich oder fahrlässig begeht, ist dem Inhaber der Marke zum Ersatz des durch die Verletzungshandlung entstandenen Schadens verpflichtet. Bei der Bemessung des Schadensersatzes kann auch der Gewinn, den der Verletzer durch die Verletzung des Rechts erzielt hat, berücksichtigt werden. Der Schadensersatzanspruch kann auch auf der Grundlage des Betrages berechnet werden, den der Verletzer als angemessene Vergütung hätte entrichten müssen, wenn er die Erlaubnis zur Nutzung der Marke eingeholt hätte.

(7) Wird die Verletzungshandlung in einem geschäftlichen Betrieb von einem Angestellten oder Beauftragten begangen, so kann der Unterlassungsanspruch und, soweit der Angestellte oder Beauftragte vorsätzlich oder fahrlässig gehandelt hat, der Schadensersatzanspruch auch gegen den Inhaber des Betriebs geltend gemacht werden.

§ 23 Benutzung von Namen und beschreibenden Angaben, Ersatzteilgeschäft

Der Inhaber einer Marke oder einer geschäftlichen Bezeichnung hat nicht das Recht, einem Dritten zu untersagen, im geschäftlichen Verkehr

1. dessen Namen oder Anschrift zu benutzen,

2. ein mit der Marke oder der geschäftlichen Bezeichnung identisches Zeichen oder ein ähnliches Zeichen als Angabe über Merkmale oder Eigenschaften von Waren oder Dienstleistungen, wie insbesondere ihre Art, ihre Beschaffenheit, ihre Bestimmung, ihren Wert, ihre geographische Herkunft oder die Zeit ihrer Herstellung oder ihrer Erbringung, zu benutzen, oder

3. die Marke oder die geschäftliche Bezeichnung als Hinweis auf die Bestimmung einer Ware, insbesondere als Zubehör oder Ersatzteil, oder einer Dienstleistung zu benutzen, soweit die Benutzung dafür notwendig ist,

sofern die Benutzung nicht gegen die guten Sitten verstößt.

§ 24 Erschöpfung

(1) Der Inhaber einer Marke oder einer geschäftlichen Bezeichnung hat nicht das Recht, einem Dritten zu untersagen, die Marke oder die geschäftliche Bezeichnung für Waren zu benutzen, die unter dieser Marke oder dieser geschäftlichen Bezeichnung von ihm oder mit seiner Zustimmung im Inland, in einem der übrigen Mitgliedstaaten der Europäischen Union oder in einem anderen Vertragsstaat des Abkommens über den Europäischen Wirtschaftsraum in den Verkehr gebracht worden sind.

(2) Absatz 1 findet keine Anwendung, wenn sich der Inhaber der Marke oder der geschäftlichen Bezeichnung der Benutzung der Marke oder der geschäftlichen Bezeichnung im Zusammenhang mit dem weiteren Vertrieb der Waren aus berechtigten Gründen widersetzt, insbesondere wenn der Zustand der Waren nach ihrem Inverkehrbringen verändert oder verschlechtert ist.

§ 25 Ausschluß von Ansprüchen bei mangelnder Benutzung

(1) Der Inhaber einer eingetragenen Marke kann gegen Dritte Ansprüche im Sinne der §§ 14 und 18 bis 19c nicht geltend machen, wenn die Marke innerhalb der letzten fünf Jahre vor der Geltendmachung des Anspruchs für die Waren oder Dienstleistungen, auf die er sich zur Begründung seines Anspruchs beruft, nicht gemäß § 26 benutzt worden ist, sofern die Marke zu diesem Zeitpunkt seit mindestens fünf Jahren eingetragen ist.

(2) Werden Ansprüche im Sinne der §§ 14 und 18 bis 19c wegen Verletzung einer eingetragenen Marke im Wege der Klage geltend gemacht, so hat der Kläger auf Einrede des Beklagten nachzuweisen, daß die Marke innerhalb der letzten fünf Jahre vor Erhebung der Klage für die Waren oder Dienstleistungen, auf die er sich zur Begründung seines Anspruchs beruft, gemäß § 26 benutzt worden ist, sofern die Marke zu diesem Zeitpunkt seit mindestens fünf Jahren eingetragen ist. Endet der Zeitraum von fünf Jahren der Nichtbenutzung nach Erhebung der Klage, so hat der Kläger auf Einrede des Beklagten nachzuweisen, daß die Marke innerhalb der letzten fünf Jahre vor dem Schluß der mündlichen Verhandlung gemäß § 26 benutzt worden ist. Bei der Entscheidung werden nur die Waren oder Dienstleistungen berücksichtigt, für die die Benutzung nachgewiesen worden ist.

§ 32 Erfordernisse der Anmeldung

(1) Die Anmeldung zur Eintragung einer Marke in das Register ist beim Patentamt einzureichen. Die Anmeldung kann auch über ein Patentinformationszentrum eingereicht werden, wenn diese Stelle durch Bekanntmachung des Bundesministeriums der Justiz im Bundesgesetzblatt dazu bestimmt ist, Markenanmeldungen entgegenzunehmen.

(2) Die Anmeldung muß enthalten:

1. Angaben, die es erlauben, die Identität des Anmelders festzustellen,

2. eine Wiedergabe der Marke und

3. ein Verzeichnis der Waren oder Dienstleistungen, für die die Eintragung beantragt wird.

§ 33 Anmeldetag, Anspruch auf Eintragung, Veröffentlichung der Anmeldung

(1) Der Anmeldetag einer Marke ist der Tag, an dem die Unterlagen mit den Angaben nach § 32 Abs. 2

1. beim Patentamt

2. oder, wenn diese Stelle durch Bekanntmachung des Bundesministeriums der Justiz im Bundesgesetzblatt dazu bestimmt ist, bei einem Patentinformationszentrum eingegangen sind.

(2) Die Anmeldung einer Marke, deren Anmeldetag feststeht, begründet einen Anspruch auf Eintragung. Dem Eintragungsantrag ist stattzugeben, es sei denn, daß die Anmeldungserfordernisse nicht erfüllt sind oder daß absolute Eintragungshindernisse der Eintragung entgegenstehen.

(3) Die Anmeldung einer Marke, deren Anmeldetag feststeht, wird einschließlich solcher Angaben veröffentlicht, die es erlauben, die Identität des Anmelders festzustellen.

§ 108 Antrag auf internationale Registrierung

(1) Der Antrag auf internationale Registrierung einer in das Register eingetragenen Marke nach Artikel 3 des Madrider Markenabkommens ist beim Patentamt zu stellen.

(2) Wird der Antrag auf internationale Registrierung vor der Eintragung der Marke in das Register gestellt, so gilt er als am Tag der Eintragung der Marke zugegangen.

(3) Mit dem Antrag ist das Verzeichnis der Waren und Dienstleistungen, nach Klassen geordnet in der Reihenfolge der internationalen Klassifikation von Waren und Dienstleistungen, einzureichen.

§ 125a Anmeldung von Gemeinschaftsmarken beim Patentamt

Werden beim Patentamt Anmeldungen von Gemeinschaftsmarken nach Artikel 25 Absatz 1 Buchstabe b der Verordnung (EG) Nr. 207/2009 des Rates vom 26. Februar 2009 über die Gemeinschaftsmarke (kodifizierte Fassung) (ABl. L 78 vom 24.3.2009, S. 1) eingereicht, so vermerkt das Patentamt auf der Anmeldung den Tag des Eingangs und leitet die Anmeldung ohne Prüfung unverzüglich an das Harmonisierungsamt für den Binnenmarkt (Marken, Muster und Modelle) weiter.

§ 143 Strafbare Kennzeichenverletzung

(1) Wer im geschäftlichen Verkehr widerrechtlich 1. entgegen § 14 Abs. 2 Nr. 1 oder 2 ein Zeichen benutzt,

2. entgegen § 14 Abs. 2 Nr. 3 ein Zeichen in der Absicht benutzt, die Unterscheidungskraft oder die Wertschätzung einer bekannten Marke auszunutzen oder zu beeinträchtigen,

3. entgegen § 14 Abs. 4 Nr. 1 ein Zeichen anbringt oder entgegen § 14 Abs. 4 Nr. 2 oder 3 eine Aufmachung oder Verpackung oder ein Kennzeichnungsmittel anbietet, in den Verkehr bringt, besitzt, einführt oder ausführt, soweit Dritten die Benutzung des Zeichens

a) nach § 14 Abs. 2 Nr. 1 oder 2 untersagt wäre oder

b) nach § 14 Abs. 2 Nr. 3 untersagt wäre und die Handlung in der Absicht vorgenommen wird, die Ausnutzung oder Beeinträchtigung der Unterscheidungskraft oder der Wertschätzung einer bekannten Marke zu ermöglichen,

4. entgegen § 15 Abs. 2 eine Bezeichnung oder ein Zeichen benutzt oder

5. entgegen § 15 Abs. 3 eine Bezeichnung oder ein Zeichen in der Absicht benutzt, die Unterscheidungskraft oder die Wertschätzung einer bekannten geschäftlichen Bezeichnung auszunutzen oder zu beeinträchtigen,

wird mit Freiheitsstrafe bis zu drei Jahren oder mit Geldstrafe bestraft.

(2) Handelt der Täter gewerbsmäßig, so ist die Strafe Freiheitsstrafe bis zu fünf Jahren oder Geldstrafe.

(3) Der Versuch ist strafbar.

IMPRESSUM

Herausgeber:
Wegener & Adamaszek Rechtsanwälte GbR
Friedrichstraße 115
10117 Berlin
Web: www.wa-recht.de
E-Mail: mail@wa-recht.de

Autoren:
Rechtsanwalt Franz Wegener
Rechtsanwalt Dirk Adamaszek

Titelmotiv:
Paragrafen-Kissen von „My Pillow Factory"
de.dawanda.com/shop/YuCan

Portraitfotos der Autoren (S. 6):
Fotografin Kathrin Tschirner
www.kathrin-tschirner.com

In Zusammenarbeit mit
DaWanda GmbH
Windscheidstraße 18
10627 Berlin
Web: www.dawanda.com
E-Mail: feedback@dawanda.com

Die DaWanda-Produkte aus diesem Buch
finden Sie im Shop des jeweiligen Herstellers
unter de.dawanda.com/shop/*Herstellername*

Wir danken allen Herstellern für die
freundliche Einräumung der Bildrechte!

Druck: Flyeralarm GmbH, 97080 Würzburg

1. Auflage · Stand: 10. 4. 2013
ISBN 978-3-00039534-5